D1739358

FUSIÓN DE LOS CINCO ELEMENTOS

Si este libro le ha interesado y desea que lo mantengamos informado de nuestras publicaciones, escríbanos indicándonos qué temas son de su interés (Astrología, Autoayuda, Ciencias Ocultas, Artes Marciales, Naturismo, Espiritualidad, Tradición...) y gustosamente lo complaceremos.

Puede contactar con nosotros en comunicación@editorialsirio.com

5ª edición: abril 2009

Título original: Fusion of the Five Elements I
Traducido del inglés por Alicia Martell Moreno
Diseño de portada: Editorial Sirio, S.A.

EDITORIAL SIRIO, S.A.
C/ Panaderos, 14
29005-Málaga
España

EDITORIAL SIRIO
Nirvana Libros S.A. de C.V.
Camino a Minas, 501
Bodega nº 8 , Col. Arvide
Del.: Alvaro Obregón
México D.F., 01280

ED. SIRIO ARGENTINA
C/ Paracas 59
1275- Capital Federal
Buenos Aires
(Argentina)

www.editorialsirio.com
E-Mail: sirio@editorialsirio.com

I.S.B.N.: 978-84-7808-631-3
Depósito Legal: B-17.597-2009

Impreso en los talleres gráficos de Romanya/Valls
Verdaguer 1, 08786-Capellades (Barcelona)

Printed in Spain

Mantak Chia

FUSIÓN DE LOS CINCO ELEMENTOS

Para más información sobre los cursos impartidos en los centros, y también sobre los libros, posters, tarjetas, etc., puedes ponerte en contacto con:

Tao Garden Health Resort
274/1 Moo 7
Luang Nua
Doi Saket
Chiang Mai 50220
Thailand

Existen también Centros Curativos Tao en los siguientes lugares:

Tucson, AZ	Mont6vale, NJ	Boston, MA
San Diego, CA	Florida	Ithaca, NY
San Francisco, CA	Hawaii	Rochester, NY
Los Angeles, CA	Washington, DC	Toronto (Canadá)
Francia	Bonn (Alemania)	Londres (Inglaterra)

Agradecimientos

Antes que nada quiero hacer patente mi agradecimiento a los maestros taoístas que compartieron conmigo sus conocimientos, sin jamás imaginar que algún día serían acogidos con tanto entusiasmo por el mundo occidental.

Doy las gracias al dibujante Juan Li por sus ilustraciones. Agradezco a Valerie Meszaros, editora de esta obra, su dedicación y su seriedad, así como su habilidad para diseñar nuestro nuevo sistema de edición informatizada. Agradezco a Charles Soupiros su ayuda técnica y a Michael Winn su contribución editorial. Extiendo mi agradecimiento a nuestro consultor editorial Joel Friedlander. Sus consejos y su ayuda en la puesta a punto de nuestro nuevo sistema de autoedición y su contribución al diseño de este libro están más allá de cualquier valoración.

Además, quiero expresar mi gratitud hacia todos los instructores y estudiantes que me ofrecieron su tiempo y sus consejos para contribuir a la mayor difusión de estas prácticas y de este sistema.

Sin la colaboración de mi madre, de mi esposa, Maneewan, y de mi hijo Max, mis continuos esfuerzos para llevar hasta vosotros el sistema del Tao Curativo resultarían, sin duda, demasiado académicos. Por toda su ayuda, les quiero expresar mi eterna gratitud y amor.

El Maestro Mantak Chia y Maneewan Chia

El Maestro Mantak Chia

El Maestro Mantak Chia es el creador del sistema conocido como el «Tao Curativo» y también fundador y director del Centro Curativo Tao de Nueva York. Desde su infancia estudió la forma de vida taoísta, al igual que otras disciplinas. El sistema del Tao Curativo es el resultado de su profundo conocimiento del taoísmo, potenciado por sus otros conocimientos. Este sistema se está enseñando en la actualidad en los Estados Unidos, Canadá, Europa, Australia y Tailandia.

El Maestro Chia nació en Tailandia en 1944, de padres chinos. A los seis años aprendió de unos monjes budistas a «sentarse y relajar la mente», es decir, la meditación. Durante sus años escolares aprendió la lucha tradicional tailandesa; el Maestro Lu le enseñó Tai Chi Chuan, iniciándolo posteriormente en Aikido y Yoga, y profundizando después todavía más en el Tai Chi.

Posteriormente, siendo estudiante en Hong Kong, donde sobresalió en la lucha y en las competiciones deportivas, un compañero mayor que él, Cheng Sue-Sue, le presentó a quien sería su primer instructor esotérico y su principal Maestro taoísta: el Maestro Yi Eng, con quien comenzó sus estudios sobre el Taoísmo. Aprendió a emitir la fuerza vital a través de sus manos y a circular la energía por la Órbita Microcósmica, a abrir los Seis Canales Especiales, la Fusión de los Cinco Elementos, la Alquimia Interna, la Iluminación del Kan y del Li, el Sellado de los Cinco Órganos de los Sentidos, la Concertación del Cielo y de la Tierra, y la Unión del Hombre con el Cielo. Fue el Maestro Yi Eng quien autorizó al Maestro Chia a enseñar y a curar.

Poco después de cumplir los veinte años, Mantak Chia estudió en Singapur con el Maestro Meugi, quien le enseñó Kundalini, Yoga Taoísta y la Palma Budista, lo que le permitió evitar los bloqueos del flujo vital, tanto en su propio cuerpo como en los pacientes de su Maestro.

Después estudió con el Maestro Cheng Yao-Lun, quien le enseñó el método Shao-Lin del poder interno y el secreto de los órganos, las glándulas y el ejercicio sobre la médula ósea denominado Nei Kung de la Médula Ósea y el Reforzamiento y Renovación de los Tendones. El sistema del Maestro Cheng Yao-Lun combinaba la lucha tailandesa y el Kung Fu. En aquella época estudió también con el Maestro Pan Yu, cuyo sistema combinaba enseñanzas taoístas, budistas y zen. Del Maestro Pan Yu aprendió cómo intercambiar la energía Yin y Yang entre hombres y mujeres, y también cómo desarrollar el Cuerpo de Acero.

Posteriormente, para poder comprender mejor los mecanismos de la energía curativa, el Maestro Chia estudió anatomía y medicina occidental durante dos años. Mientras proseguía sus estudios, trabajó como director de la Compañía

Gestetner, empresa fabricante de máquinas de oficina, lo que le proporcionó un gran conocimiento de la tecnología de impresión *offset* y también de las máquinas copiadoras.

Usando como base su profundo dominio del sistema taoísta y completándolo con sus demás conocimientos, desarrolló el sistema del Tao Curativo y comenzó a enseñar. Más tarde preparó instructores para que le ayudaran y después fundó en Tailandia el Centro de Curación Natural. Cinco años después decidió trasladarse a Nueva York para difundir su sistema en Occidente. En 1979 inauguró en dicha ciudad el Centro del Tao Curativo. Desde entonces se han abierto centros en muchas otras ciudades, entre ellas Boston, Filadelfia, Denver, Seattle, San Francisco, Los Ángeles, San Diego, Tucson y Toronto. Tanto en Inglaterra como en Alemania, Holanda, Suiza y Austria, los grupos son muy numerosos, al igual que en Australia y Tailandia.

El Maestro Chia lleva una vida tranquila con su esposa, Maneewan, y su hijo Max. Es una persona cálida, amistosa y servicial, que se considera a sí mismo antes que nada como docente. Presenta el Tao Curativo de la manera más simple y práctica, esforzándose continuamente en hallar nuevos enfoques que simplifiquen la enseñanza. Escribe sus libros con un procesador de textos y está tan familiarizado con las últimas novedades de la tecnología informática como con las filosofías esotéricas.

Hasta la fecha ha escrito y publicado los siguientes libros sobre el Tao Curativo: *El despertar de la energía curativa a través del Tao*, *Secretos taoístas del amor: potenciando la energía sexual masculina*, *Sistemas taoístas para transformar el estrés en vitalidad*, *Sistema taoísta de rejuvenecimiento*, *Cultivando la energía sexual femenina*, *Chi Kung, camisa de hierro* y *Nei Kung de la médula ósea*.

MANEEWAN CHIA

Maneewan Chia nació en Hong Kong, donde transcurrieron sus primeros años. Posteriormente sus padres se trasladaron a Tailandia, donde realizó sus estudios, graduándose en tecnología médica. Desde su infancia sintió gran interés por la nutrición y por la saludable cocina china. Aprendió junto a su madre, quien estaba considerada como una de las mejores cocineras de su localidad. Desde su matrimonio con Mantak Chia estudió el sistema del Tao Curativo y en la actualidad le ayuda en la impartición de las clases y en la dirección del Centro del Tao Curativo.

Introducción a la Fusión de los Cinco Elementos

Fundamentos de la transformación

1. Alquimia externa e interna

A lo largo de más de cinco mil años, los maestros taoístas investigaron y desarrollaron diversos métodos destinados a lograr fines tan deseables como la felicidad y una larga vida. Algunos de tales métodos fueron denominados alquimia externa, entre los que estaban la píldora de la inmortalidad, las pociones mágicas, los cristales, las esencias cristalinas, las esencias florales, las piedras preciosas, etc. Los más elevados maestros taoístas se dieron cuenta de que la ayuda proporcionada por los métodos externos era muy limitada, y que generaban al mismo tiempo una dependencia de ciertas sustancias que no siempre eran fáciles de conseguir.

En su continua búsqueda de una fuente de energía ilimitada, volvieron su atención hacia dentro, intentando descubrir los misterios relacionados con sus fuerzas vitales. En el curso de esta búsqueda descubrieron la existencia de un mundo interior, que resultó idéntico al universo externo. Descubrieron que el universo externo contenía una fuerza enorme y que el universo interno del ser humano podía beneficiarse de dicha fuerza, si ambos lograban ser, de algún modo, conectados.

Los maestros taoístas pensaron que para poder conectarse con el universo exterior, era necesario haber logrado antes controlar el propio universo interno. Experimentaron ese universo interno como un flujo de energía, o Chi, a través de sus propios cuerpos. Descubrieron que la Órbita Microcósmica, que sube por la columna y desciende luego por la parte frontal del cuerpo, era el camino a través del cual fluía la esencia de dicha energía. Se dieron cuenta de que la Órbita Microcósmica conecta tres cuerpos —el físico, el alma y el espíritu— existentes en cada individuo, fundiéndolos finalmente en un cuerpo inmortal. Y fue con esa percepción como comenzó el estudio de la alquimia interna.

2. Conexiones naturales entre el universo interior y el universo exterior

Al centrar su atención en el conocimiento y comprensión de la naturaleza y de las conexiones existentes entre las fuerzas del universo exterior y las fuerzas del cuerpo humano, los maestros taoístas hicieron otro descubrimiento. Toda vida nacida en forma humana es desarrollada, estructurada e influenciada por un grupo de estrellas, que incluye a los planetas y a las partículas cósmicas de su configuración, controlando la fuerza vital, la buena o mala suerte, y el nacimiento y la muerte del individuo.

Cada día de la vida de una persona refleja la continua necesidad de absorber energía de las estrellas, de los planetas y de las partículas cósmicas. A fin de explorar con todo detalle tales energías, los antiguos taoístas desarrollaron la ciencia de la astrología hasta niveles muy elevados.

Además de la energía procedente de las estrellas, los maestros taoístas hallaron que el ser humano requiere también otra fuente de energía natural: la energía suministrada por la fuerza de la Tierra. La absorción de todas las fuerzas naturales es lo que alimenta al sistema nervioso, a los órganos, a las glándulas, a los sentidos, al alma y al espíritu del ser humano. A fin de facilitar el estudio de las fuerzas de la naturaleza, los taoístas las clasificaron en tres grupos.

3. La Fuerza Universal, la Fuerza de las Partículas Cósmicas y la Fuerza de la Tierra

La primera fuerza se denomina Fuerza Universal o Fuerza Original, también conocida como Energía Celeste. Se manifiesta como la energía de todas las estrellas, planetas y galaxias. Esta vasta y omnipenetrante fuerza alimenta la mente, el alma y el espíritu de cada individuo, al igual que a todo lo existente en el universo manifestado.

La Fuerza Universal llega a nuestro planeta gracias a la especial relación que se da entre la Tierra y su Luna. Las fuerzas de la Tierra y de la Luna combinadas constituyen una poderosa atracción magnética, que capta las energías de todas las estrellas de nuestra galaxia y las proyecta hacia la Tierra.

La Fuerza de las Partículas Cósmicas, o Energía del Plano Humano, es la segunda fuerza de la naturaleza. Las Partículas

Cósmicas forman parte de la Fuerza Original que fluye por el espacio. Son el resultado de la explosión de estrellas que llegaron al final de su ciclo vital, moviéndose por el espacio como partículas diminutas. Al ser atraídas muchas de tales partículas por el poderoso campo magnético creado por la Tierra y la Luna, cruzan la atmósfera en forma de polvo y, posteriormente, se convierten en tierra.

La creencia taoísta es que la carne humana está formada por polvo llegado del universo. Tales partículas, o polvo, alimentan la esencia de los órganos, las glándulas y los sentidos de los seres humanos. Éstos constituyen la más elevada manifestación de la Fuerza de las Partículas Cósmicas, captando su energía a través de la meditación y finalmente devolviéndola a su fuente primordial.

Como tercera fuerza de la naturaleza, la Fuerza de la Tierra incluye la energía de las plantas, de los animales, del agua y de todos los acontecimientos naturales del planeta Tierra. Los taoístas observaron que las plantas y los árboles se expanden a fin de absorber la energía necesaria para procesar su alimento. Elevándose a sí mismos hacia el sol y las estrellas, y hacia las partículas cósmicas, las plantas y los árboles utilizan la Fuerza Universal para mantenerse y crecer. Los animales, a su vez, consumen la vegetación, captando de este modo la energía cósmica acumulada en ella.

El conjunto de estas tres fuerzas representa las energías del Cielo, del Ser Humano y de la Tierra, funcionando armónicamente para mantener toda existencia. Los antiguos taoístas llamaron a los soberanos de estas tres fuerzas los Tres Puros, ya que son las primeras energías que emergen del Wu Chi, o Gran Vacío (figura 1).

Tradicionalmente los Tres Puros fueron visualizados como tres emperadores, residentes en tres palacios o centros del cuerpo humano denominados el Tan Tien Superior, el

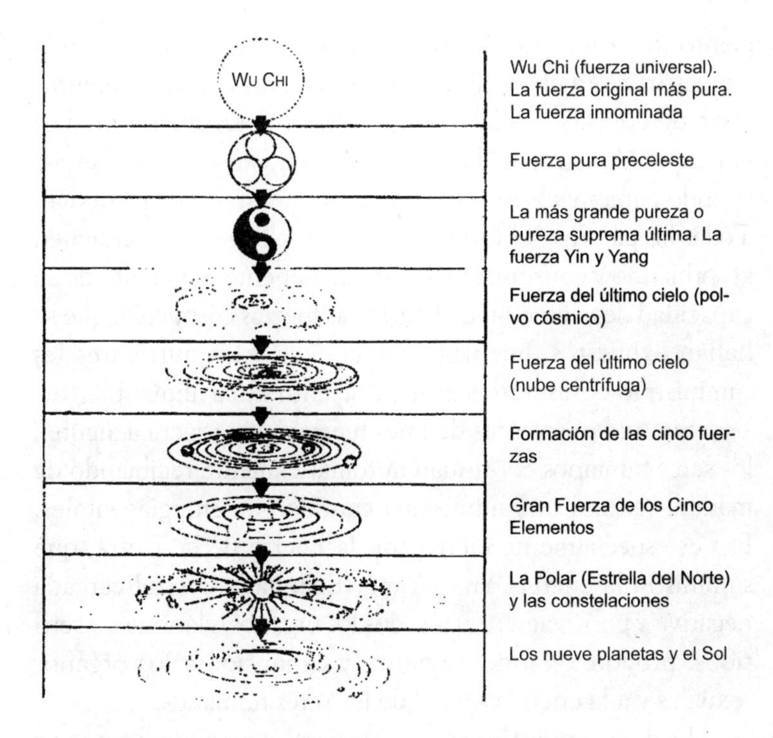

Figura 1. Formación y evolución continua del universo

Tan Tien Medio y el Tan Tien Inferior. Gobiernan el desarrollo de los tres cuerpos —físico, alma (o energía) y espíritu— del individuo, cultivando las fuerzas manifestadas en el cuerpo como Ching, Chi y Shen, respectivamente.

4. El ser humano depende de los vegetales, de los animales y de los minerales, como fuentes de la Fuerza Universal

Inicialmente el cuerpo del ser humano fue creado con un tipo de células capaces de absorber y consumir el noventa por ciento de la luz y de las fuerzas cósmicas a las que se halla expuesto. Sin embargo, más tarde nuestras células comenzaron a deteriorarse hasta alcanzar sólo entre un cinco y un diez por ciento de su capacidad de captación y consumo de energía, cuando empezamos a emitir y a perder nuestra energía sexual. Todas las plantas, los árboles y el resto de la vegetación siguen absorbiendo y consumiendo hasta un ochenta por ciento de su capacidad de captación de la luz y las fuerzas cósmicas a que se hallan expuestos, mientras que el agua y los nutrientes les suministran el restante veinte por ciento de su alimento.

Sin ser conscientes de tales fuerzas y sin práctica alguna, los seres humanos continúan automáticamente recibiendo de manera natural una minúscula cantidad de energías vitales. Eso es especialmente cierto con la Fuerza de la Tierra, que suministra la energía Yin y Yang (Energía Universal cargada negativa y positivamente) a todos los órganos, glándulas y sentidos, proporcionando alimento y expansión a los órganos sexuales y a la energía sexual de los seres humanos.

Dado que nuestras células corporales no nos permiten ya recibir de una manera más completa la vitalidad de la Fuerza Universal, de las Partículas y de la Tierra, dependemos casi totalmente de que la vegetación, los animales y los minerales lo hagan. Puesto que ellos sí digieren de una manera eficiente la Fuerza Universal absorbiéndola directamente, los seres humanos dependemos de ellos para el suministro de la necesaria energía vital. Al consumir vegetales, animales y minerales, el ser humano absorbe lentamente, a través de ellos, las tres principales fuerzas. El consumo y la absorción coinciden con el movimiento de la Tierra en su órbita de 365 días alrededor del Sol, afectando en gran medida las estaciones del año tanto a los alimentos consumidos como a la energía absorbida.

Las prácticas de la Fusión de los Cinco Elementos amplían nuestros conocimientos sobre la fuente original de toda fuerza. Incrementan nuestra capacidad de absorber y transformar dicha fuerza de una manera directa y fácil, aminorando nuestra dependencia de los animales y de las plantas.

5. Las Fuerzas de los Cinco Elementos del universo, de la Tierra y de los seres humanos

Los taoístas clasificaron todas las cosas del universo haciendo corresponder la Fuerza Universal, la Fuerza de las Partículas Cósmicas y la Fuerza de la Tierra con los «cinco elementos», «cinco fases» o «cinco fuerzas de la naturaleza», es decir, cada una de las fuerzas tiene su origen en los Cinco Elementos de la Naturaleza y es controlada por ellos. Esos Cinco Elementos son: tierra, metal, fuego, madera y agua.

Origen de los Cinco Elementos de la Naturaleza

Los taoístas creen que los Cinco Elementos de la Naturaleza se originaron como cinco grandes estrellas, creadas del Wu Chi por los Tres Puros. De esas cinco estrellas (o cinco elementos) nació a su vez la totalidad del universo, incluyendo los billones de estrellas. Crearon la Estrella del Norte, que luego originó a otras estrellas más pequeñas y a las cinco grandes constelaciones. Las cinco constelaciones están estrechamente relacionadas con los planetas, las cinco estaciones de la Tierra, las cinco direcciones de la Tierra y los cinco principales órganos del cuerpo humano (figura 2).

Para los taoístas, las fuerzas de los Cinco Elementos son las Fuerzas Principales y algunas veces se refieren a ellas de este modo.

1. La Fuerza Principal del Agua creó la Constelación del Norte y el planeta Mercurio. Se manifiesta como la

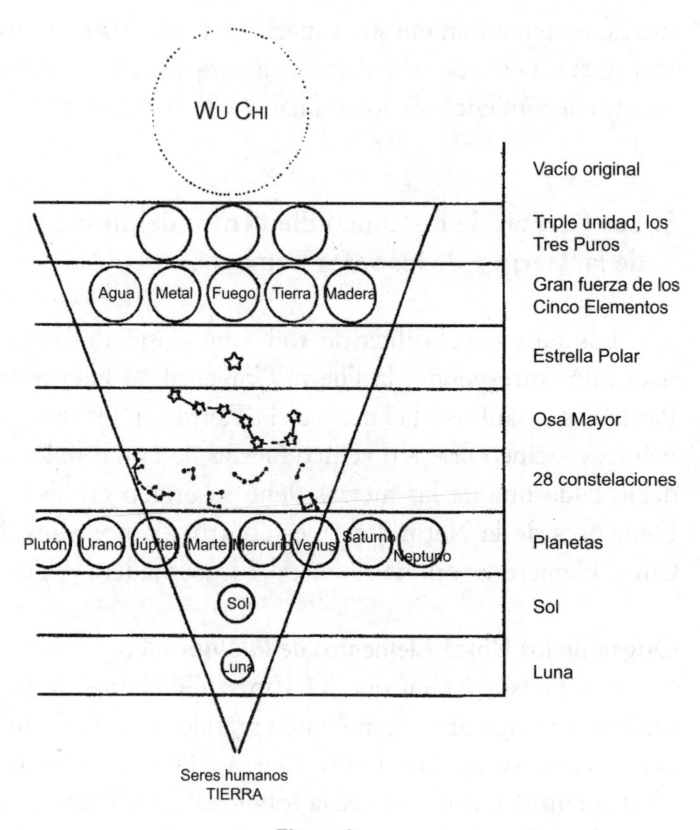

Figura 2

dirección norte de la Fuerza de la Tierra y como la estación invernal. Se corresponde con la fuerza acuosa humana de los riñones y de la vejiga. Su energía posee una cierta cualidad concentradora.

2. La Fuerza Principal del Fuego creó la Constelación del Sur y el planeta Marte. Se manifiesta como la dirección Sur de la Fuerza de la Tierra y la estación estival. Se corresponde con la fuerza ígnea humana del corazón y el intestino delgado. Su energía posee una cualidad expansiva, que potencia el desarrollo.

3. La Fuerza Principal de la Madera creó la Constelación del Este y el planeta Júpiter. Se manifiesta como la dirección oriental de la Fuerza de la Tierra y como la estación primaveral. Se corresponde con la fuerza humana del hígado y de la vesícula biliar. Su energía posee una cualidad generadora.
4. La Fuerza Principal del Metal creó la Constelación del Oeste y el planeta Venus. Se manifiesta como la dirección occidental de la Fuerza de la Tierra y la estación otoñal. Se corresponde con la fuerza metálica humana de los pulmones y del intestino grueso. Su energía posee una cualidad de contracción.
5. La Fuerza Principal de la Tierra creó la Constelación Central y el planeta Saturno. Se manifiesta como la dirección central de la Fuerza de la Tierra y como el veranillo de San Martín. Se corresponde con la fuerza humana terrestre del bazo, del estómago y del páncreas. Su energía posee una cualidad estabilizadora.

6. Práctica de la Fusión de los Cinco Elementos

Con el fin de lograr las necesarias conexiones entre el universo interior y el universo exterior, los taoístas desarrollaron las prácticas de la Fusión de los Cinco Elementos. La fusión comienza con la comprensión de las dinámicas del universo, del planeta Tierra y del cuerpo humano, con respecto a sus relaciones para con los Cinco Elementos de la Naturaleza.

La Fusión de los Cinco Elementos, que constituye el inicio de las prácticas taoístas de la Alquimia Interior, se centra en la interacción y la fusión de todos los Cinco Elementos y sus correspondencias, y en su transformación en un todo armónico de energía de alta calidad. Durante este proceso, la esencia de la energía vital que se halla en los órganos, en las glándulas y en los sentidos es transformada, purificada, condensada y combinada con la Fuerza Universal. El nuevo tipo de energía que surge de tal proceso es capaz de efectuar cambios muy positivos en el cuerpo humano.

A fin de lograr esos cambios, los taoístas se dedican antes que nada a los aspectos negativos o debilidades, transformándolos en fuerzas. Las debilidades se descubren en el funcionamiento de lo que se conoce como fuerzas contrarrestantes o controladoras de los Cinco Elementos, es decir, estudiando los efectos de cada uno de ellos sobre todos los demás.

Al estudiar, por ejemplo, la energía del hígado, órgano asociado con el planeta Júpiter y el elemento tierra, se descubrió que su energía puede ser contrarrestada o controlada por la energía de los pulmones, relacionada con el planeta Venus y con el elemento metal. Es decir, el elemento metal controla al elemento madera, y los pulmones controlan al hígado. Del mismo modo, la energía de los riñones, relacionada con el planeta Mercurio y el elemento agua, puede ser contrarrestada por la energía del corazón, relacionada con el planeta Marte y el elemento fuego. Esto significa que el elemento agua controla al elemento fuego, y que los riñones controlan al corazón. Cada uno de los Cinco Elementos tiene una fuerza que lo contrarresta (figura 3).

La interrelación entre los elementos agua y fuego es fácil de entender. El calor del fuego puede evaporar al agua y, así, la controla. Esto es verdad, pero también su opuesto lo es: el fuego puede ser contrarrestado o controlado por el elemento agua. El agua puede apagar al fuego. Los taoístas consideraron las interacciones de los Cinco Elementos entre sí como dos ciclos distintos existentes en la naturaleza —el Ciclo Creativo y el Ciclo Controlador o Contrarrestante—. Ambos son igualmente importantes para el mantenimiento de la vida, pero

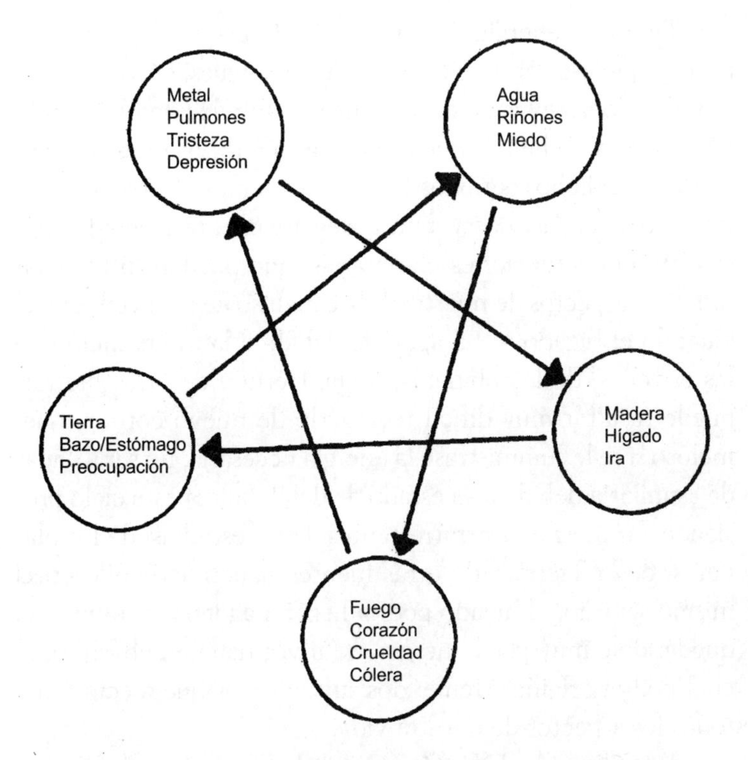

Figura 3. El ciclo de las interreacciones entre los cinco elementos

para que las cosas funcionen debidamente deben estar equilibrados y controlados. Los practicantes de la Fusión estudian estos ciclos en profundidad, comenzando con el Ciclo Contrarrestante o Controlador y con las emociones negativas.

Para poder servirnos de ambos ciclos de una manera efectiva, es importante antes determinar nuestras fuerzas y debilidades. Las relaciones planetarias pueden desempeñar aquí un papel muy importante, pues hay meses y años en los que ciertas estrellas y planetas se acercan más a la Tierra y pueden influenciar mucho nuestro comportamiento. Por ejemplo, si tenemos un hígado débil, cuando el planeta Venus (estrella del elemento metal, relacionada con los pulmones) se acerque a la Tierra, la energía del hígado puede llegar a agotarse. Es posible que esto origine estallidos emocionales, cólera e indecisiones, todas ellas emociones negativas relacionadas con el hígado. Si no sabemos que es necesario reforzar nuestro hígado durante dichos periodos y si desconocemos cómo equilibrar nuestras energías, nos veremos negativamente afectados por este tipo de situaciones planetarias, que pueden influenciar todos los aspectos de nuestra vida e incluso llegar a vencernos. Cuando el hígado se ha agotado debido a la intervención de las estrellas, de los planetas, de la Tierra y de otras fuerzas, puede resultar muy difícil recargarlo de nuevo con energía; incluso si se le suministrase la energía necesaria, no sería capaz de asimilarla debido a su estado de debilidad. Si este ciclo prosigue y las fuerzas contrarrestantes de las estrellas, de los planetas, de la Tierra y de otras fuentes siguen actuando en el mismo sentido, el hígado podría llegar a agotarse totalmente, quedándole muy poca energía, o tal vez nada en absoluto, lo cual podría originar tremendos sufrimientos que afectarían a todos los aspectos de nuestra vida.

La utilización de las fórmulas de la Fusión I ayudará a crear el equilibrio, antes incluso de que lleguemos a saber qué planeta o estrella nos está influenciando. Las fórmulas de la Fusión I generan una gran cantidad de equilibrios de una manera automática. Descubriremos cómo la madera y el metal (hígado y pulmones) interactúan uno con otro, y sentiremos cómo se los puede equilibrar automáticamente mediante la Fuerza de la Tierra. El más débil de ellos se verá reforzado y el excesivamente fuerte se verá moderado por su fuerza opuesta. Cuando ya ninguno de ellos sea demasiado fuerte ni demasiado débil, su relación se armonizará, dejando de ser enemigos uno del otro. En la Fusión I se profundiza aún más, se investiga conscientemente cuáles son los planetas y las estrellas que nos están influenciando, y se utilizan los ciclos para generar fuerzas que equilibren nuestras debilidades.

Durante la práctica de la Fusión, las emociones negativas relacionadas con cada uno de los órganos y, de este modo, cada uno de los elementos, son sacados fuera para ser transformados en energía neutralizada, «equilibrando el clima» de la totalidad de las energías del cuerpo. Esa energía ya neutralizada puede luego ser mezclada con energías positivas, que también residen en los diferentes órganos, y transformada en energía vital pura. Los taoístas tienen un dicho: «La arena roja refinada se convierte en plata»; significa que si fundimos todos los diferentes tipos de energía emocional, se unirán formando un todo armónico. Sin embargo, la energía no refinada, no «fundida», tiene la cualidad de la arena, dispersa e incapaz de unificarse.

7. La perla - La esencia del cuerpo humano y el cuerpo de energía

La energía vital pura procedente de los órganos y fundida durante la práctica de la Fusión se cristaliza en una bola de energía. Esta bola puede sentirse como un cristal o como un diamante, aunque generalmente se la suele percibir como una perla radiante. La formación de la perla constituye el primer paso para lograr transferir la conciencia a un nuevo reino.

No todos perciben la perla del mismo modo. Algunos no ven una perla, pero sí la reconocen como una aguda sensación de estar alerta o como una intensa habilidad para concentrarse. Otros la sienten como una concentración de calor. Pero todos la experimentan como la esencia de la fuerza vital.

Luego, se hace circular a esa perla por la Orbita Microcósmica. Durante su circulación la perla activa y absorbe la

Fuerza Universal y la Fuerza de la Tierra. Se sirve de ellas para reforzar y purificar el cuerpo físico, especialmente los órganos, las glándulas y los sentidos. Posteriormente, desempeña un importante papel en el desarrollo y alimentación del cuerpo del alma o cuerpo de energía. A continuación, este cuerpo se desarrolla todavía más, en los niveles elevados de las meditaciones Kan y Li.

La energía equilibrada no solamente es necesaria para mantener la salud de los órganos, las glándulas y los sentidos, sino que también es un ingrediente básico en la formación de la perla. De este modo, la energía equilibrada constituye un elemento muy importante en la Fusión. También reviste gran importancia, dentro de las prácticas de la Fusión, la función desarrollada por la perla al abrir, limpiar, purificar y proteger ciertos canales específicos que se extienden a lo largo del cuerpo. Estos canales son denominados los Canales de Empuje (de limpieza y protección), el Canal del Cinturón (canal de protección), y los Canales Gran Puente y Gran Regulador (canales que unen y regulan, respectivamente, el flujo de la energía a través de todos los meridianos de acupuntura del cuerpo).

8. El Tao Curativo divide la Fusión en tres partes

Todos los niveles de la práctica de la Fusión limpian y purifican los órganos y el cuerpo.

Fusión de los Cinco Elementos I

La Fusión I utiliza los pakuas y los puntos energéticos para equilibrar, conectar y sacar nuestras energías emocionales negativas que se hallan en los órganos. Esas energías, junto con las correspondientes de sus glándulas y sentidos, son fusionadas y transformadas en energía vital pura.

La pureza de dicha energía incluye una cualidad adherente y magnética que le permite condensarse, formando una perla de energía altamente refinada. Posteriormente, esa perla es utilizada para formar el alma o cuerpo de energía, que se conectará con la Fuerza Universal, de las Partículas Cósmicas y de la Tierra, cuyas correspondientes energías pasarán también a formar parte de la propia perla.

El hecho de reunir o recoger la energía de los órganos no disminuye en absoluto su fuerza. De hecho, cada vez que se practica la Fusión, las energías esenciales recogidas de los órganos son fusionadas, purificadas y transformadas en un tipo de energía vital perfeccionada. Al terminar la práctica, esa energía perfeccionada que formaba la perla se dispersa. Vuelve a potenciar todos los órganos y glándulas, especialmente aquellos que necesitan de una energía adicional. Al mismo tiempo, al dispersarse dicha energía, protege al cuerpo físico y también al cuerpo de energía o alma.

Fusión de los Cinco Elementos II

La Fusión II se centra en la utilización de la perla para incrementar la intensidad de la energía de la virtud. Se sirve del Ciclo Creativo para circular el Chi positivo de la energía virtuosa a través de los órganos principales. Toda la energía reunida durante ese ciclo se combina para formar una perla de energía compasiva. Esa perla es posteriormente utilizada para abrir y limpiar los Canales de Empuje y para abrir el Canal protector del Cinturón, que rodea a los Canales de Empuje.

Toda la práctica de la Fusión es un proceso gradual de purificación y control de nuestras fuerzas internas. A través de la creación de la perla de energía pura y a través de la fusión de las Fuerzas de los Cinco Elementos destinada a crear una fuerza vital nueva, mejor y más pura, se logra el autodominio. Esa energía podrá ser utilizada externamente para atraer las

Fuerzas Universal y de la Tierra a fin de que nos fortalezcan y nos protejan. De este modo, los órganos, las glándulas y los sentidos que suministran la energía vital al cuerpo humano finalmente son conectados con las estrellas, los planetas y las partículas cósmicas, de las que realmente proceden.

Descripción de la Fusión

PRIMERA PARTE: PRÁCTICAS BÁSICAS

La Práctica de la Fusión es una meditación que consiste en nueve fórmulas. La primera parte contiene las fórmulas 1 a la 5, ejercicios básicos de la Fusión en los que se trabaja con las cinco fuerzas elementales del ser humano. La segunda parte contiene las fórmulas 6 a la 9, métodos avanzados en los que el trabajo continúa con las cinco fuerzas elementales de la Tierra y del Universo. Aunque la práctica de la Fusión I se puede realizar exitosamente completando sólo los ejercicios básicos, para obtener todos los beneficios que la Fusión dispensa es necesario continuar con los procesos avanzados.

Fórmula 1: formación de los cuatro pakuas, mezcla de la energía y formación de la perla en el centro de control

La palabra *pa* significa ocho; *kua* quiere decir símbolo. El pakua es un cristal tridimensional de ocho lados, que extrae energía de los órganos, las glándulas y los sentidos, para ser refinada, transformada, condensada y almacenada.

1. El proceso comienza con la formación de cuatro pakuas destinados a refinar, condensar y almacenar la energía.
2. En el centro del cuerpo, entre los cuatro pakuas, se crea un centro del ser o centro de control, denominado el caldero.
3. Cuando la energía ha sida extraída por los cuatro pakuas y depositada en el caldero, en el centro de nuestro ser, es allí fundida o cristalizada en una especie de esfera de energía vital, una perla de energía condensada. (Algunas veces a esta perla se la denomina también píldora interna o píldora humana. Luego se hace circular a la perla a través de la Órbita Microcósmica.)

Fórmula 2: equilibrar la energía de los órganos para experimentar paz interior y armonía

1. Para equilibrar la energía de los órganos es necesario, antes que nada, crear los puntos de recogida de energía en cada uno de los diferentes órganos.
2. Seguidamente se extraen, se recogen y se mezclan las diferentes calidades de energía (riñones: fría y mojada; corazón: muy caliente; hígado: cálida y húmeda; pulmones:

fresca y seca; bazo: suave), hacia los puntos de recogida. Esa energía es transportada luego hacia el pakua central, considerado el pakua controlador.

3. Se forma el pakua dorsal, mezclando y refinando las energías residuales de los diferentes órganos en los puntos de recogida dorsales.
4. Se extrae, se lleva moviéndola en espiral y se condensa la energía desde los pakuas frontal y dorsal hacia el caldero.
5. Del mismo modo, se forman los pakuas lateral derecho y lateral izquierdo a fin de recoger la restante energía de los órganos. Se mezcla y se refina la energía en esos pakuas, llevando después la mezcla resultante hacia el caldero.
6. En el caldero todas las energías son condensadas otra vez hasta formar una perla. Después, esa perla circula a través de la Órbita Microcósmica.

Fórmula 3: conexión de los sentidos con los órganos, autocontrol de los sentidos, sellado de las aberturas, victoria sobre las tentaciones

1. Para reforzar y controlar los sentidos y, al mismo tiempo, evitar la pérdida de su energía, es necesario aprender que las relaciones existentes entre los órganos y los sentidos es la misma que se da entre padres e hijos.
2. Es necesario volver los sentidos hacia dentro, llevándolos hasta los órganos y sus puntos de recogida de energía. Al igual que en la fórmula 1, se pasa la energía por los cuatro pakuas, se la refina y se la condensa en el caldero, centro de control donde se forma la perla. Ahora la perla es la esencia cristalizada de los sentidos

y los órganos. Finalmente se hace circular de nuevo a esta perla a través de la Órbita Microcósmica.

Fórmula 4: transformación de las emociones negativas de cada órgano en energía utilizable

1. Tras explorar durante miles de años la filosofía y la psicología, los taoístas se dieron cuenta de la necesidad de explorar las emociones humanas básicas. Observaron que ciertas emociones, en caso de no ser entendidas y manejadas correctamente, atraen u originan a su vez otras emociones indeseables. Los taoístas creen que todas las emociones se originan en los órganos y que la mente regula y determina su utilización. Aunque las energías emocionales que se pueden sentir dentro de un órgano no presentan límites, a algunas emociones negativas básicas y específicas se las relaciona con ciertos órganos, y con ellas se trabaja en esta fórmula 4:

   a. Riñones: miedo.
   b. Corazón: impaciencia, impulsividad.
   c. Hígado: ira.
   d. Pulmones: tristeza, depresión.
   e. Bazo: preocupación.

2. Al igual que en las fórmulas 2 y 3, estas energías son mezcladas y transformadas en el pakua frontal, creando también los pakuas dorsal, derecho e izquierdo. En estos cuatro pakuas se refina la energía; luego se la condensa en el caldero hasta formar una perla, que circula después por la Órbita Microcósmica.

Fórmula 5: creación de la perla que forma el cuerpo de energía y la primera transferencia de conciencia

1. La fórmula 5 es una combinación de todas las anteriores. Primero se pone a los sentidos en contacto con los órganos y se recoge la energía orgánica y emocional en los puntos de recogida. Luego se lleva dicha energía a los cuatro pakuas y se mezcla allí. Posteriormente se la refina y condensa en el caldero para formar una perla.
2. La perla así creada es proyectada desde el cuerpo físico y controlada en el espacio sobre dicho cuerpo físico. En esta situación extracorpórea esta perla se convierte en el cuerpo de energía.
3. El cuerpo de energía se transforma en la imagen de cómo nosotros quisiéramos que fuera nuestro cuerpo físico. Se le puede dar un nombre que facilite su evocación más adelante.
4. La Órbita Microcósmica es transferida desde el cuerpo físico al cuerpo de energía, como una primera experiencia de transferencia de conciencia.
5. Alrededor del cuerpo de energía se crea un campo protector, formándose una gran burbuja que abarca a los dos cuerpos, físico y de energía. Finalmente el campo de protección es reabsorbido, mientras la burbuja cae sobre el cuerpo físico para protegerlo. Esta burbuja será posteriormente reforzada con diversas capas, en fases más avanzadas de la práctica.

SEGUNDA PARTE: PRÁCTICAS AVANZADAS

Las prácticas avanzadas de la Fusión incluyen las cinco fórmulas básicas ya aprendidas y trabajos adicionales con las cinco fuerzas elementales del ser humano. Sin embargo, una vez finalizada la fórmula 4 y antes de proceder a formar el cuerpo de energía de la fórmula 5, se efectúan las fórmulas 6 y 7, a fin de crear una perla más potente. Luego, usando la altamente refinada y radiante energía de dicha perla, se crea el cuerpo de energía, que ahora se beneficia de tres fuentes diferentes: la Tierra, las Partículas Cósmicas y las Fuerzas Universales. Seguidamente se procede con las siguientes fórmulas, trabajando siempre con ese cuerpo de energía.

La práctica de las fórmulas avanzadas se sirve del uso de imágenes, que potencian la energía de los distintos órganos, mientras la perla se sigue refinando.

Fórmula 6: formación de los niños o niñas vírgenes y de su descendencia animal, a fin de conectar las fuerzas Universal, de las Partículas Cósmicas y de la Tierra

Cuando la energía de los órganos es muy pura, se la puede proyectar y cristalizar en la imagen de un niño o niña virgen, como la forma más pura de la virtud energética de tales órganos. A su vez, la respiración de cada uno de los niños vírgenes crea su descendencia animal. Esos niños y esos animales pueden ser usados como protección para el cuerpo físico, conectándolos para formar anillos protectores. La perla es el centro de los niños y de los animales. Estas imágenes se pueden sustituir por otras de nuestra mitología personal, pudiéndose así formar un anillo de santos, de héroes-guerreros, de joyas, etc.

Al circular la perla por la Órbita Microcósmica bajo la protección de los anillos de los niños y animales, y al conectarla con las Fuerzas Universal, de las Partículas Cósmicas y de la Tierra, estas energías pueden ser llevadas a los niños y animales. Ellos, a su vez, las pueden liberar a los órganos, glándulas y sentidos, incrementando enormemente su fuerza vital.

Fórmula 7: utilización de la Fuerza de la Tierra para fortalecer y proteger

Ya establecida esa energía pura, se la puede proyectar fuera del cuerpo a fin de atraer hacia nosotros la Fuerza de la Tierra. Una vez atraída dicha fuerza, se forman los animales u otras imágenes terrestres, como flores o árboles, que sean fáciles de retener. Seguidamente se forma con los animales un círculo de fuego para fortalecer los órganos y, al mismo tiempo, protegerlos. Llegados a este punto, hay que pasar a la fórmula 5 y crear un más potente cuerpo de energía.

Fórmula 8: atracción de las Fuerzas de los Planetas y de las Estrellas, para refuerzo y protección

En esta fórmula se forman perlas de energía orgánica pura a fin de atraer la energía del planeta correspondiente a cada órgano. Lo que se pretende es captar la fuerza del planeta y añadirla a las fuerzas de los niños vírgenes, de los animales internos y de los animales formados con las fuerzas elementales de la Tierra, para que todas ellas unidas sirvan como refuerzo y protección.

Fórmula 9: la transferencia de la conciencia al cuerpo de energía en esta vida da la inmortalidad

El cuerpo de energía puede servir como un vehículo para la conciencia, alimentándose de una más elevada fuente de energía y llevando esa fuente hasta el cuerpo físico. Aquí dicha energía puede ser transformada en otra más utilizable por él.

1. Transferir la energía vital o Chi al cuerpo de energía nos permitirá utilizar ese cuerpo como soporte para el cuerpo espiritual.

El cuerpo físico es como un barco con su motor.

El cuerpo de energía (Chi) es el combustible, o el vapor (la fuerza impulsora).

El cuerpo espiritual es el capitán (el que manda).

2. La función del cuerpo de energía es transferir la esencia vital (energías de los órganos, de las glándulas y de los sentidos) conscientemente al cuerpo espiritual y empujar el cuerpo espiritual al Plano Medio.

Meditación de la Fusión I

Primera parte

PRÁCTICAS BÁSICAS DE LA FUSIÓN I

Fórmulas 1 a la 5

En las fórmulas de la primera parte se describe cómo transformar la energía emocional en energía utilizable y, en el mismo proceso, cómo lograr un estado interno equilibrado, de paz y armonía. La meta de estos pasos básicos de la meditación de la Fusión I es principalmente desarrollar la conciencia de la perla de energía.

Fórmula 1

Formación de los cuatro pakuas, mezcla de las energías y formación de la perla en el centro de control

A. Teoría: los cuatro pakuas y el caldero

Los ocho lados que forman un pakua representan las ocho fuerzas naturales del universo. Estas fuerzas son: el viento, el trueno, las montañas, el agua, los cielos, los lagos, la tierra y el fuego (figura 4).

1. Construcción del pakua

Podemos imaginar un pakua como un octágono formado por ocho trigramas. Sin embargo, a fin de simplificar la creación de los pakuas para la meditación, es tal vez mejor considerarlo formado por tres capas octogonales, cuyos radios las conectan entre sí, algo muy similar a un diamante con varios

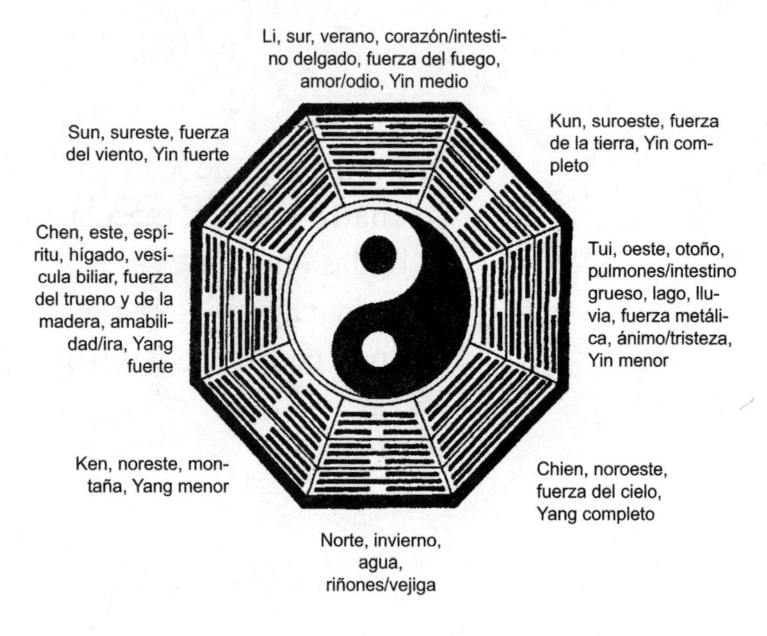

Figura 4. (Último Cielo) Secuencia del Pakua

estratos visto desde arriba. La capa exterior mide 7,50 centímetros de diámetro. En su centro está el signo Yin/Yang (del Tai Chi), moviéndose en espiral a fin de mezclar y transformar las fuerzas. Detrás del pakua hay que imaginar cómo sus ocho lados se prolongan a modo de embudo, hasta terminar convergiendo en un punto central.

Al trazarlo mentalmente para la meditación, es mejor imaginarlo por capas, comenzando con el octágono exterior y continuando luego con los niveles segundo y tercero. Puede ser dibujado indistintamente en un sentido u otro. Cuando ya visualicemos los tres octágonos concéntricos tenemos que dibujar mentalmente los radios, que luego se combinarán con el símbolo del Tai Chi situado en el centro del pakua. Una vez lo hayamos memorizado perfectamente, podremos con posterioridad reproducirlo mediante la visualización (figura 5).

Figura 5. Pakua simple para el inicio de las prácticas

2. Localización de los cuatro pakuas

Los cuatro pakuas están situados:

a. El pakua frontal (o del ombligo): detrás del ombligo, a unos cuatro centímetros de profundidad.
b. El pakua dorsal: en la Puerta de la Vida, justo a la altura del ombligo, entre la segunda y la tercera vértebras lumbares y a una profundidad de unos cuatro centímetros.
c. El pakua izquierdo: en el costado izquierdo del cuerpo, justo en el punto en donde se cruzarían una línea que bajara verticalmente desde la axila izquierda y otra horizontal que uniese el ombligo con la Puerta de la Vida, a una profundidad de cuatro centímetros de dicho punto de intersección.

d. El pakua derecho: en el costado derecho del cuerpo, en el punto en que se cruzarían una imaginaria línea vertical que bajara desde la axila derecha y otra horizontal que uniera el ombligo con la Puerta de la Vida por el lado derecho. También a una profundidad de cuatro centímetros.

La energía es conducida a estos cuatro pakuas, y allí se mezcla y transforma.

3. Localización del caldero (punto central del ser humano - punto de control)

El caldero está considerado como el centro del cuerpo. Se localiza entre el ombligo y la Puerta de la Vida, pero un poco hacia atrás, frente a los riñones. En ese lugar es donde se forma la fuerza prenatal, como parte de la Fuerza Universal u Original. Y en él las cinco fuerzas elementales se combinan transformándose en una energía altamente refinada.

a. La energía de los cuatro pakuas es equilibrada y condensada en sus Tai Chi centrales, los cuales pueden brillar con una luz blanca o dorada.
b. Los Tai Chi centrales de los cuatro pakuas giran mezclando la energía y, al mismo tiempo, la dirigen a través de la parte trasera de los pakuas (en forma de embudo) hacia el caldero central.

   El caldero tiene unos ocho centímetros de diámetro y su centro suele estar frente a la Puerta de la Vida, aunque su ubicación puede variar de unas personas a otras hasta cuatro o cinco centímetros arriba o abajo. En los hombres, en que la parte superior del cuerpo es más pesada, suele estar situado un poco más abajo. En las mujeres, cuya parte inferior del cuerpo es más pesada, este centro suele estar un poco más elevado. Al parecer, cuanto más delgada es una persona más posibilidades hay de que el caldero esté justo a la altura de la Puerta de la Vida y del ombligo. Una vez hallado, sentiremos de una manera natural que ése es nuestro centro de conciencia.

c. Los pakuas frontal y dorsal funcionan conjuntamente, extrayendo, moviendo en espiral, refinando y condensando la energía hacia el caldero.
d. Los dos pakuas laterales constituyen el segundo par, y del mismo modo, extraen, mueven en espiral, refinan y condensan la energía hacia el caldero.
e. En el caldero las energías son de nuevo mezcladas y condensadas a fin de formar la perla (figura 6).

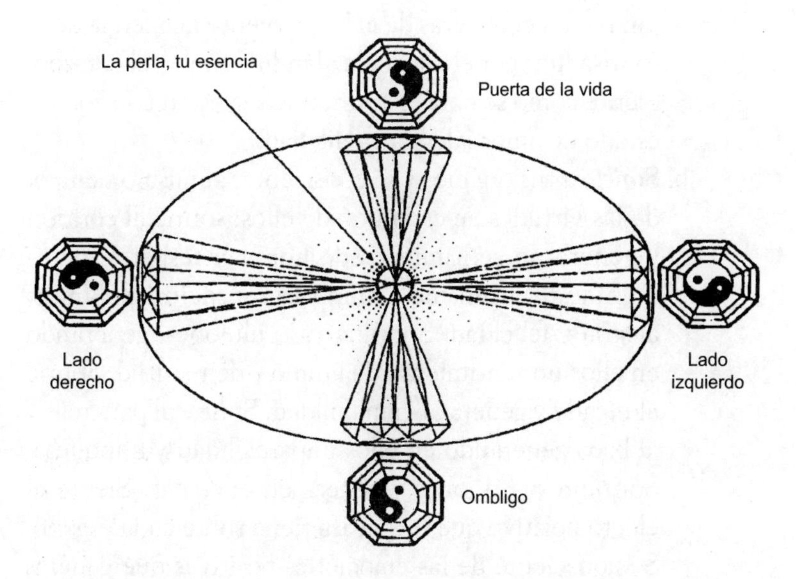

Figura 6. Los cuatro pakuas y la condensación de la energía en una perla

B. PRÁCTICA DE LA FÓRMULA I

1. Asumiendo la postura

Siéntate correctamente. Siente cómo tus pies tocan el suelo. Las manos descansan juntas y la lengua reposa tocando el paladar.

2. Práctica de la Sonrisa Interior

Practica la meditación de la Sonrisa Interior, a fin de relajar la mente y el cuerpo.

a. Sonríe y siente cómo el calor de la sonrisa se recoge en sus ojos y también en el Tercer Ojo. Siente cómo se elevan ligeramente los ángulos externos de tus pestañas y las comisuras de la boca. Siente la energía de la sonrisa fluir por el cuello, la glándula timo y el corazón. Siente cómo se abre el corazón. Crea en tu corazón un estado de amor, alegría y felicidad.

b. Sonríe a tus órganos y sé consciente, al mismo tiempo, de las virtudes de cada uno de ellos: sonríe al corazón y genera un sentimiento de honor y respeto, incrementando al mismo tiempo la sensación de amor, alegría y felicidad. Sonríe a tus pulmones, generando en ellos un sentimiento de ánimo y de rectitud. Sonríe al hígado y genera allí amabilidad. Sonríe al páncreas y al bazo generando en ellos imparcialidad y franqueza. Sonríe a tus riñones y genera en ellos paz. Siente el efecto positivo que tu sonrisa tiene sobre cada órgano. Sé consciente de las emociones positivas que generas (figura 7).

c. Sonríe a tus órganos sexuales. Sonríe al sistema digestivo. Genera energía creativa y siente cómo esa energía fluye hacia abajo con la saliva, hacia el estómago, el intestino delgado y el intestino grueso.
d. Vuelve a los ojos. Sonríe a tu glándula pituitaria. Sonríe al hemisferio izquierdo del cerebro y también al derecho para equilibrarlos, y después sonríe a la columna vertebral.
e. Vuelve otra vez a los ojos y sonríe a tu línea media, frontal y posterior. Los estudiantes que ya han practicado la Sonrisa Interior podrán realizar estos ejercicios con notable rapidez.

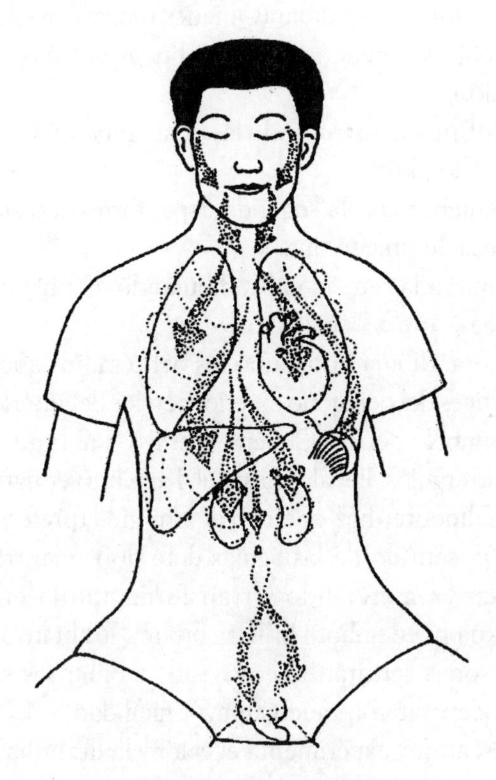

Figura 7. Sonriendo a los órganos

3. Formación del pakua frontal

a. Dirige tu conciencia y tus sentidos internamente hacia el ombligo. Concéntrate en él y concentra allí todas las energías de la parte superior del cuerpo. Siente su calor. Mientras sonríes al ombligo, mezcla y condensa esas energías en una esfera, en la propia zona del ombligo.
b. Mira hacia tu interior. Vuelve todos tus sentidos hacia dentro, preparándote para la construcción del pakua.
c. Comienza en el punto uno, cuatro centímetros hacia dentro y sobre el ombligo. Dibuja con la mente la primera línea del pakua. (Quienes tengan problemas para visualizar pueden trazar las líneas del pakua con un dedo.)
d. Continúa construyendo las ocho líneas del nivel externo del pakua.
e. Comienza con la segunda capa, formando siempre las líneas de una en una.
f. Empieza la tercera capa, dibujando de nuevo sus ocho líneas.
g. Ahora, dibuja uno a uno los ocho radios que unen los vértices del octógono exterior con los del interior. Dibuja el símbolo del Tai Chi en el centro y, al trazar cada uno de los radios, llévalos hasta el Tai Chi (ver figura 5).
h. Finalmente, haz que el Tai Chi gire (preferiblemente en el sentido de las agujas del reloj) mientras poco a poco va mezclando y transformando la energía. El pakua puede ahora brillar con una luz blanca. Muchas personas sentirán que en estos momentos se pueden concentrar con mucha mayor facilidad.
i. Descansa y experimenta el calor y la luz brillante que el pakua desprende.

4. Formación del pakua dorsal

a. Comienza en un punto situado unos cuatro centímetros hacia dentro y sobre la Puerta de la Vida. Traza mentalmente el primer nivel.
b. Construye mentalmente el segundo nivel.
c. Construye el tercero.
d. Dibuja los ocho radios, uniendo los ángulos de los tres polígonos que forman cada una de las capas, hasta llegar al Tai Chi, que se deberá visualizar en el centro del pakua.
e. Gira el Tai Chi central y siente cómo la energía brilla con una luz blanca.
f. Descansa y siente esa luz brillante.

Observarás que el pakua dorsal es idéntico al frontal. Cuando más adelante me refiera a la formación del pakua dorsal, diré simplemente que es necesario repetir el proceso del pakua frontal en el dorso.

5. Mandando las energías de los pakuas frontal y dorsal hacia el caldero, con un movimiento espiral

a. Divide tu concentración entre el pakua frontal y dorsal.
b. Haz girar ambos pakuas, especialmente sus Tai Chi centrales. En un principio se los puede hacer girar sin preocuparse demasiado por el sentido del giro. Posteriormente, les impondremos el sentido por nosotros elegido.
Sé consciente de la forma alargada que los pakuas tienen en su parte posterior, como cónica, que los conecta

con el caldero. En esa parte del pakua, la rotación del Tai Chi se convierte en un movimiento espiral. Siente cómo la fuerza pasa de la parte frontal de los pakuas a esa parte posterior, y cómo moviéndose en espiral la energía llega finalmente al caldero. Concéntrate en el vértice posterior del pakua, por donde la energía cae al caldero con un movimiento espiral. Cuando sientas que la energía está ya en el caldero, cesa la rotación.

c. La energía condensada en el caldero puede brillar con una luz blanca, aunque algunas personas simplemente sienten que su conciencia de la zona del ombligo se acrecienta notablemente.

6. Construcción del pakua del costado derecho

a. Concéntrate en el costado derecho de tu cuerpo, en un punto de la línea vertical que desciende de la axila, a la altura del ombligo. A una profundidad de cuatro centímetros aproximadamente, traza la primera capa del pakua.
b. Traza las ocho líneas de la segunda capa.
c. Traza las ocho líneas de la tercera.
d. Dibuja los ocho radios y el símbolo del Tai Chi central. Haz girar el Tai Chi, que despedirá un brillo luminoso.

7. Construcción del pakua izquierdo

a. Concéntrate en un punto de la línea vertical que desciende desde el centro de la axila izquierda, justo a la altura del ombligo y de la Puerta de la Vida. A una profundidad de cuatro centímetros aproximadamente, traza la primera capa de este pakua. Seguidamente sigue los pasos (b) al (d) del punto anterior.

Los pakuas derecho e izquierdo son idénticos al frontal y dorsal. Cuando más adelante deba referirme de nuevo a la formación de estos pakuas, diré simplemente que es necesario repetir en los costados del cuerpo el mismo proceso que se siguió para la formación de los pakuas frontal y dorsal.

8. Mandando la energía de los pakuas izquierdo y derecho al caldero, mediante un movimiento en espiral

a. Gira el Tai Chi de los pakuas derecho e izquierdo, lo cual comunicará un movimiento en espiral a sus partes traseras, haciendo que la energía brillante vaya cayendo y se vaya depositando en el caldero. El movimiento giratorio-espiral puede ser en el sentido de las agujas del reloj o a la inversa. Aumenta la velocidad para extraer mayor cantidad de energía. Une esta energía con la que ya está en el caldero, procedente de los pakuas frontal y dorsal. Aunque el caldero no ocupe exactamente el centro de los cuatro puntos, se le considera el centro de nuestro cuerpo, o de nuestro ser. A medida que se va acumulando más energía en él, mayor será su brillo. Otras personas percibirán simplemente un mayor poder de concentración. Se sentirán mucho más centradas.
b. Divide tu concentración entre el caldero y los pakuas frontal y dorsal, derecho e izquierdo (figura 8).
c. Sigue mandando más energía al caldero, siempre con un movimiento en espiral.

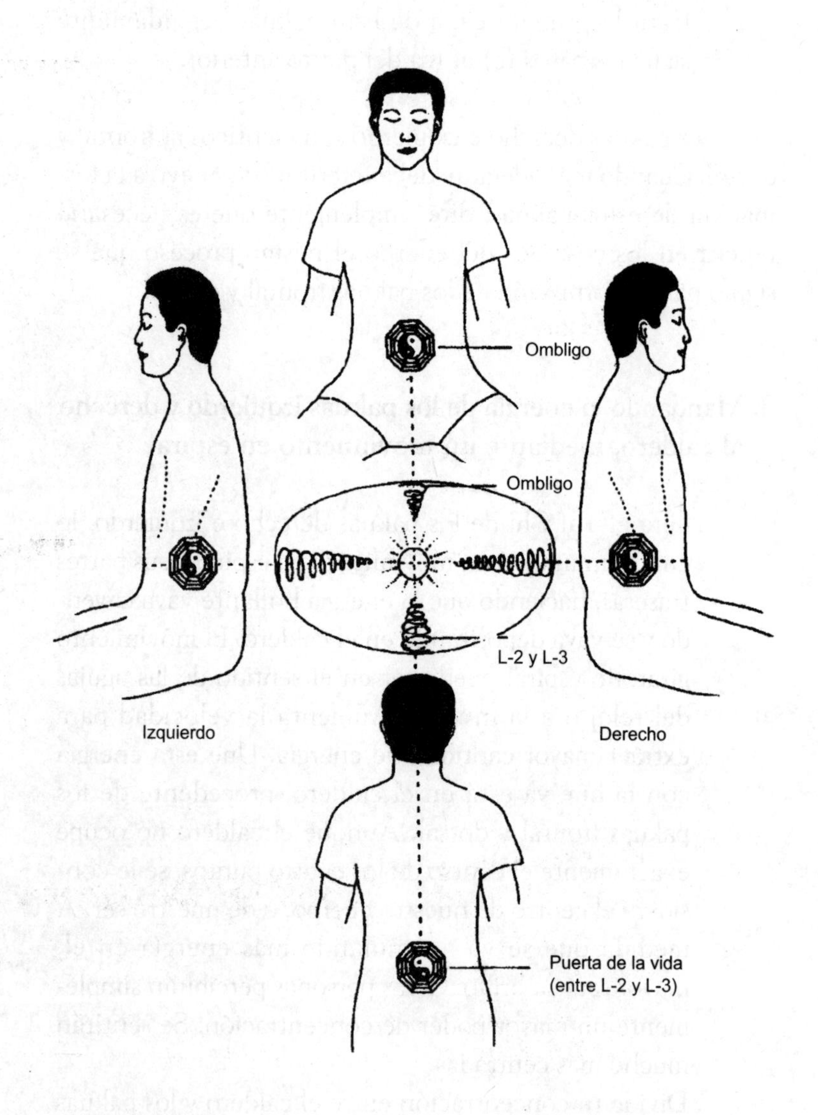

Figura 8. Los cuatro pakuas. Movimiento espiral para formar la perla

9. Formación de la perla

De un modo suave y relajado, concéntrate y vuelve todos los sentidos hacia el caldero, mientras sigues con el movimiento espiral. No debe haber tensión alguna, tan sólo la conciencia de la energía que se está concentrando allí. Forma la perla, que es la más concentrada esencia de tu energía vital. Es la esencia de tus órganos, de tus glándulas, de tus sentidos y de tu mente, que absorberá la energía impura de los órganos y glándulas, la purificará y la devolverá a ellos convertida en energía de un nivel superior. La perla puede controlar a los órganos y glándulas, y ayudará a establecer firmemente el caldero.

10. Anclaje y programación de la perla mediante afirmaciones verbales

Cuando comiences a sentir que la energía se está condensando en el centro de tu ser, relájate todavía más y dirige toda tu atención, tus sentidos y tu conciencia hacia la perla. Cuando estés lo suficientemente relajado, sentirás cómo tu energía se estabiliza, cómo la perla se vuelve más fuerte y cómo tu concentración se aclara. En el momento culminante de estas sensaciones de concentración y estabilidad, énclalas y programa esta experiencia con la perla. Utiliza afirmaciones verbales de este tipo: «Me siento profundamente centrado, tranquilo y en calma; las fuerzas externas no tienen ningún poder sobre mí. Estoy bajo mi propio control. Me siento centrado y enraizado. Mi energía es clara y estable. Mi equilibrio emocional es perfecto». Al identificarnos con nuestro centro, ese centro se ancla con la perla.

11. Moviendo la perla por la Órbita Microcósmica

Mientras la perla se mueve a través de la Órbita Microcósmica, se percibirán tres fuentes de energía. La Fuerza Universal de la Estrella del Norte (Estrella Polar) y la Osa Mayor nos mandan su energía, que es recibida a través de la cúspide de la cabeza. Las Partículas Cósmicas caen a la tierra y su energía (la Fuerza de las Partículas Cósmicas) se combina con la energía de la sonrisa procedente del punto central entre las cejas. La tercera fuente de energía es la Fuerza de la Tierra, que llega al perineo a través de las plantas de los pies. Mientras se circula la Órbita Microcósmica debemos ser conscientes de estas tres fuentes de energía. Seguidamente se describe la trayectoria de la Órbita Microcósmica (también llamada simplemente Microcósmica), a través del Canal Gobernador (a lo largo de la columna), pasando por la cúspide de la cabeza, y bajando luego por el Canal Funcional (por el centro de la parte frontal del cuerpo).

NOTA: La extracción de la energía y su circulación a través de la Órbita Microcósmica constituyen una parte crucial de la Fusión de los Cinco Elementos y de todas las prácticas del Tao Curativo. Para realizar mejor los ejercicios de Fusión será muy útil estar familiarizado con las prácticas del Amor Curativo y de la Camisa de Hierro. Esto ayudará a generar más energía y, al mismo tiempo, reforzará su flujo.

a. Lleva la perla al perineo, Puerta de la Vida y la Muerte, concentrándote en él, contrayéndolo y empujándolo hacia arriba. Siente la presión hacia abajo de la perla.
b. Siente la perla como una estrella que brilla en la oscuridad de la parte baja de tu cuerpo. La fresca y agradable energía de la Tierra entrará a través del perineo. Algunas personas verán su color azul; otras sentirán

una suave y agradable sensación. Esa energía incrementará la sensación de enraizamiento. En ese momento se deben anclar estas sensaciones de seguridad y enraizamiento utilizando afirmaciones verbales. Por ejemplo: «Me siento profundamente seguro y enraizado en mi vida diaria».

c. Tira hacia arriba de la parte posterior del ano, hacia el sacro, y pasa la perla del perineo al coxis.
d. Inclina un poco el sacro a fin de ajustar el alineamiento del coxis con la Fuerza de la Tierra, hasta que te sientas más centrado y enraizado en la tierra. Siente cómo al llegar la perla al coxis emite éste una luz brillante. Utiliza de nuevo las afirmaciones verbales para sentirte más centrado y firme.
e. Pasa la perla a través de la Puerta de la Vida y siente su brillo y una sensación de suavidad.
f. Lleva la perla al punto T-11 y siente cómo irradia su luz.
g. Lleva la perla al punto C-7. Deja que brille allí y que queme todas las cargas y pesos que sintamos. Sírvete de una afirmación para programar tus sensaciones de ligereza y bienestar.
h. Lleva la perla a la base del cráneo (Cojín de Jade). Deja que dicho punto brille irradiando su luz.
i. Lleva la perla a la cúspide de la cabeza, y siente cómo tu coronilla está llena de luz. Siente el calor de la Fuerza Universal de la Estrella del Norte y la Osa Mayor, mientras dicha energía penetra por la cúspide de tu cabeza. El color de la Estrella del Norte es púrpura, mientras que la Osa Mayor posee una luz roja en su centro. Siente una fuerza suave, poderosa y agradable.
j. Continúa siendo consciente de la Órbita Microcósmica mientras llevas la perla hacia el Tercer Ojo, en medio de las cejas. Siente cómo la energía suave y

agradable de la sonrisa se combina con la Fuerza de las Partículas Cósmicas en ese punto entre las cejas. Si eres capaz de visualizar los colores, ve dicha fuerza de un color dorado. Siente que se trata de una fuerza firme, fuerte y decidida.

k. Siente cómo el punto entre tus cejas emite una brillante luz y siente que lo que estás haciendo tiene un propósito. Utiliza otra afirmación verbal para programar la perla con esa sensación de propósito y con tu visualización.

l. Baja la perla hasta la garganta y quema toda la energía negativa que encuentres allí.

m. Lleva la perla al corazón y siente amor, alegría y felicidad. Éste es un punto muy adecuado para utilizar afirmaciones verbales que expresen el amor y la alegría de nuestras vidas.

n. Lleva la perla al plexo solar y luego al ombligo.

o. Es posible que los principiantes pierdan la perla al perder su concentración. Si tu perla se pierde o disminuye su tamaño en algún momento de la práctica de la Fusión, comienza de nuevo y forma una nueva perla. Sé otra vez consciente de los cuatro pakuas, y condensa la energía hasta formar una nueva perla. Al principio, su formación puede requerir de algún tiempo; sin embargo, cuando ya se vaya teniendo más experiencia, será fácil lograr grandes cantidades de energía residual. Cuanta más energía poseamos, más fácil y más rápidamente se formará la perla. Lleva la nueva perla hasta el perineo y hazla circular a través de la Órbita Microcósmica. Sé todo el tiempo consciente de la perla y de su movimiento.

p. Mientras la perla se mueve por la Órbita Microcósmica, lleva una parte de tu conciencia a los cuatro pakuas. Siente cómo la energía fluye a través del movimiento en espiral hasta llegar al caldero, incrementando continuamente la perla.

q. Ahora circula de nuevo la perla por la Órbita Microcósmica, pero un poco más rápido. Sé consciente de la trayectoria que sigue [figura 9(a)].

r. Sé consciente de la Fuerza Universal, de cómo sobre su cabeza está la Estrella del Norte con su luz púrpura y la Osa Mayor con su luz roja, la Fuerza de las Partículas Cósmicas frente a ti y la Fuerza de la Tierra, bajo tus pies. Siente cómo esas energías llegan a ti [figura 9(b)].

s Ahora deberás equilibrar la energía que sientes fluyendo a través de la Órbita Microcósmica. Si notas que dicha energía es demasiado cálida, deberás captar más energía de la Tierra a través del perineo. Si sientes que es demasiado fría, deberás atraer más energía universal a través de la cúspide de tu cabeza. Si sientes que estás perdiendo la concentración, tendrás que captar más energía de las Partículas Cósmicas a través del punto central entre las cejas.

12. Recogida de la energía

Lleva la energía al ombligo y mantenla allí durante un momento. Luego pásala detrás del ombligo, al caldero. Siente su suave calidez y recógela toda en el caldero.

13. Finalmente, el masaje Chi

Deberás terminar este ejercicio con el masaje Chi. Frótate las manos una con la otra y luego masajea con ellas el

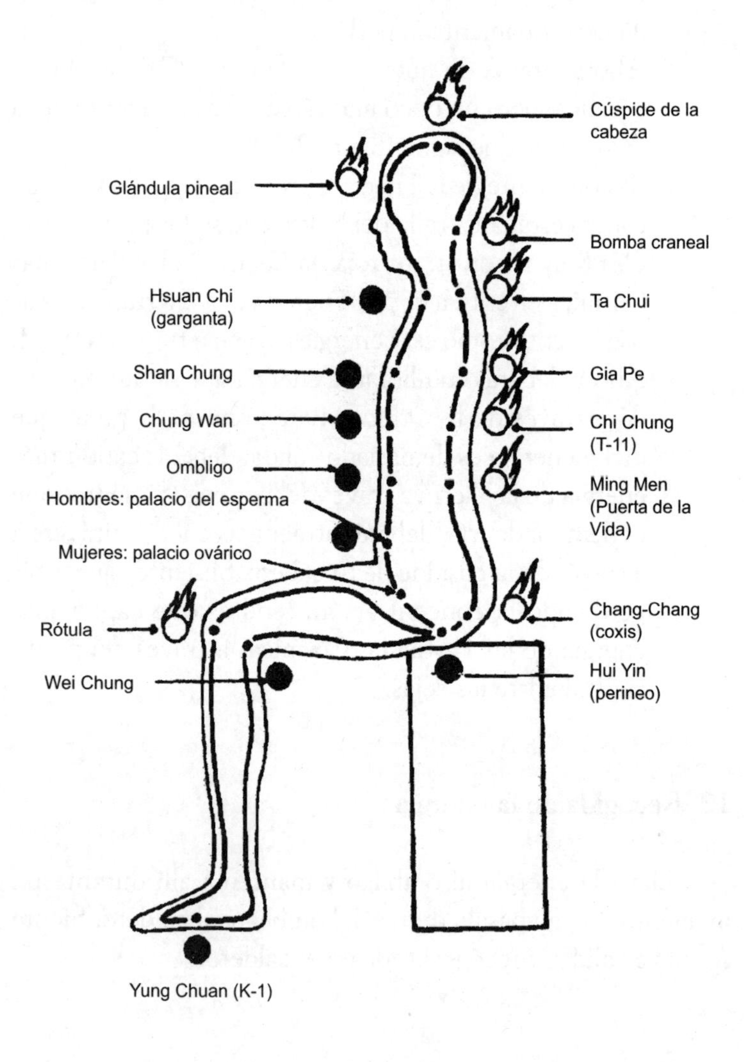

Figura 9 (a). Recorrido de la Órbita Microcósmica

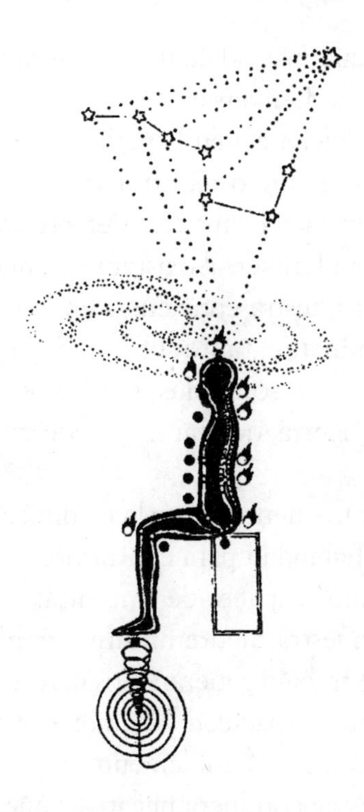

Figura 9 (b). La Órbita Microcósmica. Fuerzas Universal, Terrestre y Humana

rostro, la garganta, etc. (repasa la técnica del masaje Chi, tal como se detalla en el libro *Automasaje Chi. Sistemas taoístas de rejuvenecimiento*.)

C. FINALIDAD DE CENTRAR LA CONCIENCIA EN LA PERLA

El beneficio más práctico e inmediato de la perla en la vida diaria es que nos ayuda a centrar la conciencia, a fin de que el entorno no nos haga perder el equilibrio. Sin embargo, la finalidad más profunda de esta primera fórmula es establecer una base sólida que más adelante nos permita lograr nuestra unión con la Fuerza Universal.

Centrar la conciencia en la perla equivale a hallar nuestro centro, nuestro punto de control, nuestra alma. La brillante perla como esencia del alma está siempre en contacto con la fuente de la Fuerza Universal existente en nuestro interior. El hecho de centrar nuestra conciencia en la perla nos sitúa en una posición dominante, tanto sobre nuestra propia vida espiritual interna como sobre las fuerzas externas, Fuerzas Cósmicas y de la Tierra, que tanto contribuyen a nuestra vida diaria.

Al practicar frecuentemente la meditación de la Fusión y reforzar nuestra habilidad para centrarnos en la perla, descubriremos que somos capaces de sintonizar nuestras energías. Veremos cómo nuestra mente intuitiva se hace más fuerte y clara. En nuestro trabajo generaremos mayor número de ideas creativas, y nuestra capacidad de amor hacia la familia y los amigos se incrementará sensiblemente.

Los patrones de conducta negativos que suelen dispersar nuestra energía vital, como las ensoñaciones, las distracciones, la televisión o el ensañamiento en las emociones negativas, serán más fácilmente vencidos. Las sensaciones de ansiedad, pérdida, envidia u hostilidad, que suelen originarse como consecuencia de dichos patrones de conducta negativos, podrán ser derrotadas. Al utilizar los momentos ociosos del día para efectuar la práctica de la Fusión, nuestra conciencia mantendrá la presencia de la perla.

El alma estará ocupada con pensamientos creativos y metas realistas, y surgirán sensaciones espontáneas apropiadas para cada momento. Al mismo tiempo, los productos negativos de los órganos vitales y del ambiente se disolverán en el caldero central, anulados por la mucho mayor, más fresca y más fuerte energía del universo. Nuestra vida comenzará a desbordar con una energía radiante que se convertirá en alegría, amabilidad, creatividad y amor.

Es muy útil mantener un contacto frecuente con la Fuerza Universal, a través de nuestra perla/esencia del alma. Si llegáramos a ser conscientes de la perla durante todo el día, nuestra conexión con el Tao sería extraordinariamente poderosa, y nuestra vida feliz, armónica y fácil.

Fórmula 2 | Equilibrando la energía de los órganos para lograr paz y armonía internas

A. Teoría: puntos de recogida en cada órgano

Cada órgano (y su órgano secundario, expresado entre paréntesis) posee un punto de recogida o captación para su tipo particular de energía. Aquí es conveniente repasar las correspondencias existentes entre los órganos, los Cinco Elementos y las estaciones de la Fuerza Universal y de la Tierra.

1. Punto de recogida de los riñones (vejiga)

a. El punto de recogida de los riñones y de la vejiga es el perineo.
b. Debemos crear en el perineo una esfera de aproximadamente siete centímetros y medio de diámetro, que funcionará como colector y depósito de la energía de los riñones.

c. La energía de los riñones posee una cualidad fría y mojada. Está relacionada con el invierno, con el elemento agua y con el color azul oscuro.

2. Punto de recogida del corazón/timo (intestino delgado)

a. El punto de recogida del corazón/timo (y del intestino delgado) está localizado entre las tetillas (en los hombres) y a unos cuatro centímetros sobre el extremo inferior del esternón (en las mujeres).
b. Deberemos formar en ese punto una esfera como la anteriormente descrita, que servirá para recoger la energía del corazón y del timo.
c. La energía del corazón es caliente. Su estación del año es el verano, su elemento el fuego y su color el rojo brillante.

3. Punto de recogida del hígado (vesícula biliar)

a. El punto de recogida del hígado (y de la vesícula biliar) está situado en el costado derecho, justo debajo de la caja torácica y al mismo nivel que el ombligo. Exactamente en el punto en que se cruzarían una línea vertical que descendiera desde la tetilla derecha y otra horizontal que se extendiera desde el ombligo hacia el costado derecho del cuerpo.
b. En dicho punto se formará una esfera de las características ya citadas, a fin de recoger allí la energía del hígado.

c. La energía del hígado es cálida y húmeda. Está relacionada con la primavera, su elemento es la madera y su color un verde brillante.

4. Punto de recogida de los pulmones (intestino grueso)

a. El punto de recogida de los pulmones (y del intestino grueso) está localizado en el costado izquierdo, justo debajo de la caja torácica, en el lugar donde se cruzarían una línea que descendiese verticalmente desde la tetilla izquierda y otra que se extendiera horizontalmente desde el ombligo hacia el costado izquierdo del cuerpo.
b. En dicho punto formaremos una esfera de siete centímetros y medio de diámetro a fin de recoger en ella la energía de los pulmones.
c. La energía de los pulmones es fresca y seca. Está relacionada con el otoño y con el elemento metal. Su color es un blanco radiante.

5. Punto de recogida del bazo/páncreas (estómago)

a. El punto de recogida del bazo/páncreas (y del estómago) está situado exactamente detrás del ombligo (en el centro del pakua frontal).
b. En dicho lugar se formará una esfera de siete centímetros y medio de diámetro a fin de recoger en ella la energía del bazo.
c. La energía del bazo es suave. Su estación es el veranillo de San Martín, su elemento la tierra y su color un amarillo dorado y brillante.

B. Procedimiento para equilibrar la energía de los órganos

Para mezclar la energía de los órganos se deberán antes que nada formar los puntos de recogida de los riñones y del corazón. Luego se mezclará la energía de los riñones (fría) con la del corazón (caliente) en el pakua frontal. Seguidamente se formarán los puntos de recogida del hígado y de los pulmones y a continuación se mezclará, también en el pakua frontal, la energía del hígado (cálida y húmeda) con la de los pulmones (fresca y seca).

Finalmente se añadirá la energía del bazo (tibia) llevándola a su punto de recogida, situado precisamente en el centro del pakua frontal.

C. Práctica de la Fórmula 2

1. Comienza con la meditación de la Sonrisa Interior

Al proceder con los diferentes pasos de esta práctica, sonríe a cada uno de los órganos, concentrándote en las emociones positivas relacionadas con dicho órgano. Siéntate correctamente, con las manos juntas, y une la lengua con el cielo del paladar. Sonríe.

2. Forma el pakua frontal

Forma el pakua frontal exactamente como se ha descrito en la fórmula 1, y siente cómo el pakua emite una luz brillante.

3. Equilibra las energías de los riñones y del corazón

a. Forma el punto de recogida de los riñones

1. Sé consciente de tus riñones.
2. Emite el sonido de los riñones: UOOOOOOOOOOO. (Repasa los Seis Sonidos Curativos en el libro *Sistemas taoístas para transformar el estrés en vitalidad.*) Practica hasta que logres sentir tus riñones.
3. Utilizando la técnica de la Respiración con Condensación, contrae ligeramente los lados izquierdo y derecho del ano, a fin de ejercer cierta presión sobre los riñones. Para ello, deberás utilizar más el poder de la mente que la fuerza muscular. Luego libera la contracción a fin de aguzar tu conciencia. (Puedes repasar la técnica de la Respiración con Condensación en el libro *Chi Kung Camisa de Hierro*).
4. Forma una esfera en el perineo, punto de recogida de los riñones, inspirando, tirando del perineo hacia arriba y empujando con la parte baja del abdomen hacia abajo, hacia el perineo.
5. Exhala y relájate. Percibe mentalmente cómo se forma la esfera y déjala brillar con un color azul.
6. Lleva la energía desde ambos riñones a su punto de recogida con un movimiento en espiral, no importa cuál sea el sentido de dicha rotación. Aumenta tu conciencia del punto de recogida e intensifica el movimiento espiral hasta que sientas una fuerza que extrae la fría energía de los riñones llevándola hacia el punto de recogida (figura 10).

b. Forma el punto de recogida del corazón

1. Sé consciente de tu corazón y de la glándula timo.
2. Emite el sonido del corazón: HAUUUUUUUUUUUU.

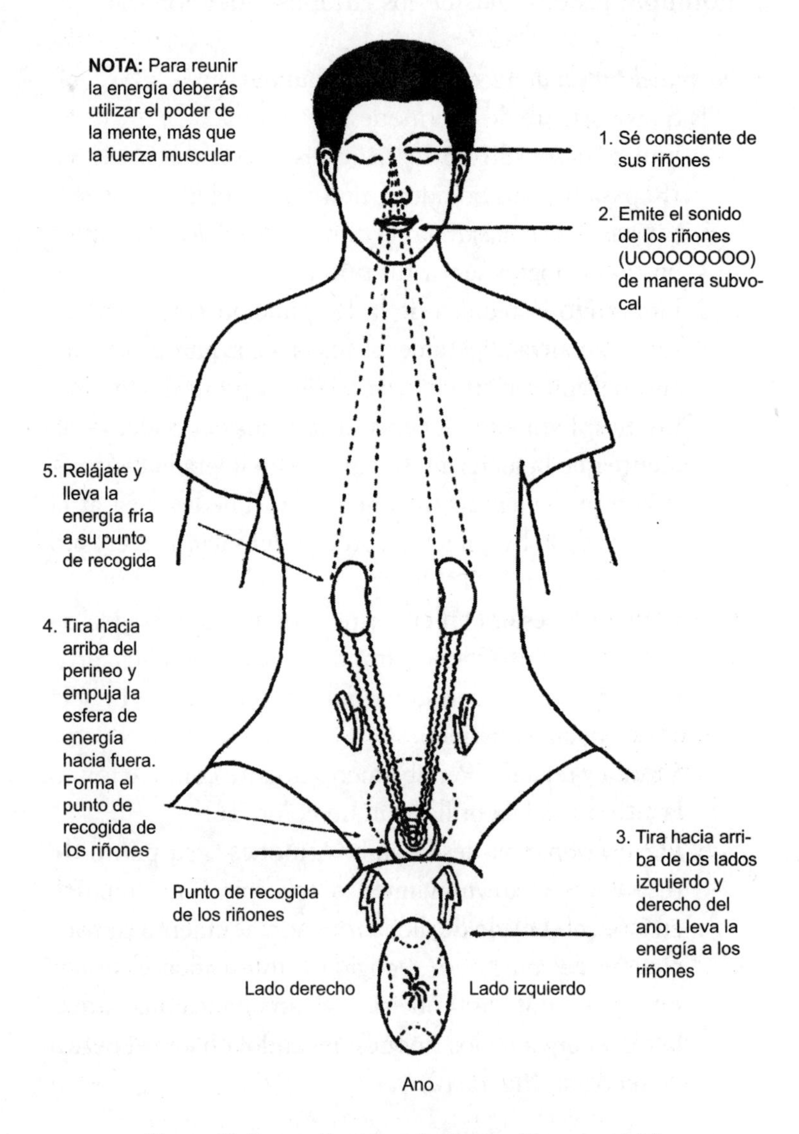

Figura 10. Formación del punto de recogida que recibirá la energía de los riñones

3. Inspira y tira del ano ligeramente hacia arriba, hacia el corazón, continuando hasta alcanzarlo. Luego, usando el poder de la mente, contrae ligeramente la zona cardiaca. No utilices demasiada fuerza física. Lo adecuado es usar sólo una suave contracción muscular y el poder de la mente.
4. Percibe mentalmente cómo se forma la esfera que constituye el punto de recogida del corazón. Déjala brillar con una luz roja.
5. Lleva la energía desde el corazón hasta su punto de recogida, en espiral. Intensifica ese movimiento espiral hasta que su fuerza sea suficiente para extraer la caliente energía del corazón y del timo, llevándola a su punto de recogida.

4. Lleva en un movimiento espiral las energías del corazón y de los riñones al pakua frontal

a. Divide tu atención entre el punto de recogida de los riñones y el del corazón.
b. Siente la energía fría y la caliente.
c. Sé también consciente del pakua frontal. Mueve en espiral los puntos de recogida de los riñones y del corazón y también el pakua frontal. Incrementa la fuerza giratoria del pakua frontal utilizando los ojos y la mente. La creación, al mismo tiempo, de un suave movimiento corporal circular ayudará a incrementar la fuerza de la rotación del pakua (figura 11). Gira hasta que la fuerza originada sea suficiente para extraer la energía fría (azul) de los riñones y la caliente (roja) del corazón, llevándolas ambas hacia el pakua. Con cada ciclo respiratorio lleva hacia arriba, al inspirar, la

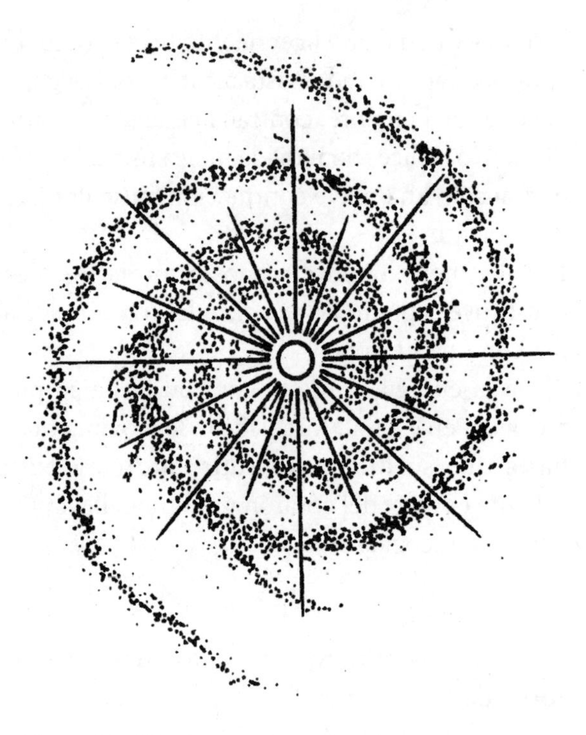

Figura 11. Utiliza los ojos, la mente y el cuerpo, para crear un movimiento espiral que atraerá la energía. Sigue con ese movimiento espiral hasta que sientas que se forma una perla en tu centro. Fue una espiral de energía lo que formó inicialmente el universo

energía fría y azul de los riñones, luego al exhalar baja la caliente y roja del corazón. Siente cómo ambas energías se mezclan. Modera la temperatura, a fin de que no sea ésta demasiado cálida ni demasiado fría (figura 12).

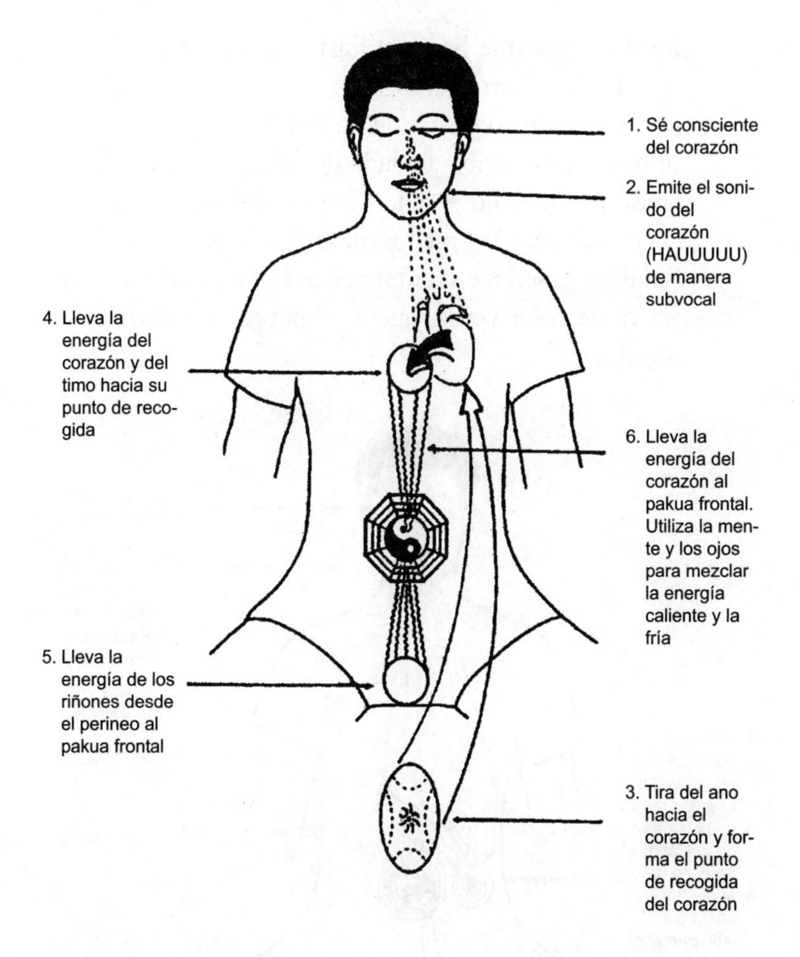

Figura 12. Formación del punto de recogida del corazón. Mezcla de la energía del corazón con la energía de los riñones, en el pakua

5. Equilibra las energías de los pulmones y del hígado

a. Forma el punto de recogida del hígado

1. Sé consciente de tu hígado.
2. Emite el sonido del hígado: SHHHHHHHHHHHHHH.

3. Inspira y contrae hacia el hígado el lado derecho del ano. Luego contrae el hígado.
4. Forma el punto de recogida del hígado inspirando, tirando hacia arriba del lado derecho del ano y empujando hacia abajo el lado derecho del cuerpo, bajo la caja torácica. Contrae los músculos de esa zona.
5. Relájate y percibe mentalmente la formación de una esfera de color verde, que es el punto de recogida del hígado.

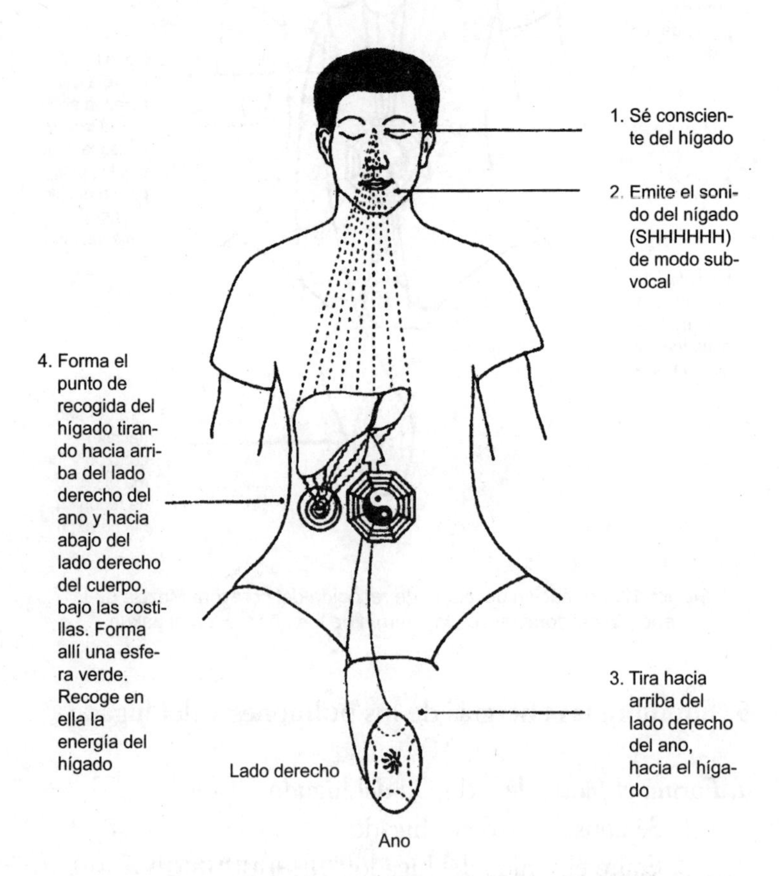

Figura 13. Formación del punto de recogida que recibirá la energía del hígado

6. Con un movimiento espiral, lleva hacia ese punto la energía cálida y húmeda del hígado (figura 13).

b. Forma el punto de recogida de los pulmones

1. Sé consciente de tus pulmones.
2. Emite el sonido de los pulmones: SSSSSSSSSSSSSSSSS.
3. Inspira, tira hacia arriba de los lados izquierdo y derecho del ano, hacia los pulmones.

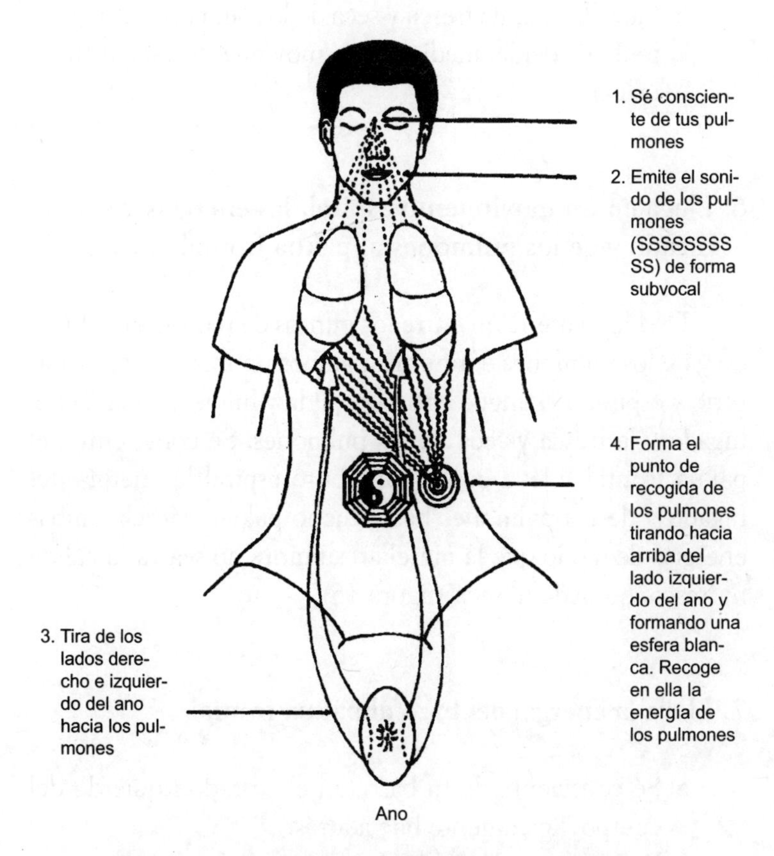

Figura 14. Formación del punto de recogida que recibirá la energía de los pulmones

4. Forma el punto de recogida de los pulmones inspirando de nuevo y tirando del ano hacia arriba, hacia el ombligo. Imagina que desde la tetilla izquierda baja una línea vertical. Siente cómo se expande la zona donde esa línea se cruza con la horizontal del ombligo.
5. Exhala. Relájate y percibe mentalmente la formación de una esfera de siete centímetros y medio de diámetro, de color blanco metálico, en el punto donde se cruzan las líneas antes mencionadas.
6. Lleva la energía fresca y seca de los pulmones a su punto de recogida, mediante un movimiento espiral (figura 14).

6. Lleva en un movimiento espiral, las energías del hígado y de los pulmones al pakua frontal

Divide tu atención entre los puntos de recogida del hígado y de los pulmones e infunde a ambos un movimiento rotatorio y espiral. Distingue entre la cálida y húmeda energía del hígado y la fresca y seca de los pulmones. Sé consciente del pakua frontal. Lleva con movimiento espiral la energía del hígado y de los pulmones hasta dicho pakua. Mezcla ambas energías de modo que la mezcla resultante no sea ya ni cálida ni fresca, húmeda ni seca (figura 15).

7. Lleva la energía del bazo al pakua frontal

a. Sé consciente de tu bazo, en el costado izquierdo del cuerpo, ligeramente hacia atrás.
b. Emite el sonido del bazo: UUUUUUUUUUUUUU (de manera subvocal, pero sintiéndolo en las cuerdas vocales).

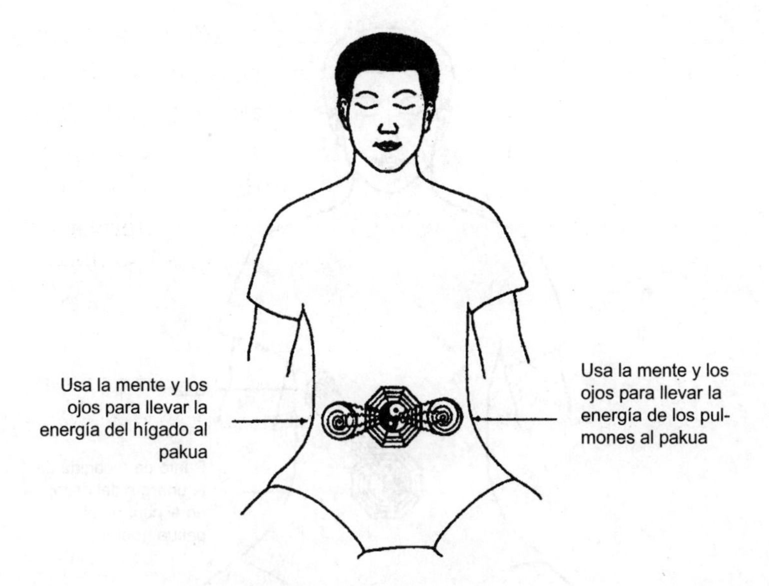

Figura 15. Mezcla de las energías del hígado y de los pulmones en el pakua frontal

c. Inspira y tira del lado izquierdo del ano hacia el bazo. Usa tu mente para tensar de manera suave los músculos de la espalda, y siente tu bazo. Exhala, relájate e incrementa tu conciencia de dicho órgano. Forma el punto de recogida del bazo, localizado en el centro del propio pakua frontal.
d. Divide tu atención entre el bazo y el pakua frontal. Lleva la suave energía del bazo en espiral hasta el pakua. Visualizael pakua de color amarillo (figura 16).

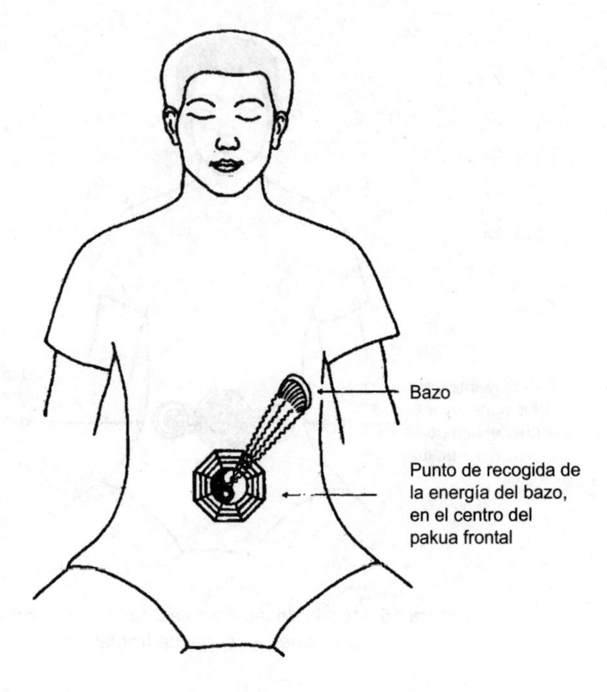

Figura 16. Recogida de la energía del bazo directamente en el pakua

8. Forma el pakua dorsal y mezcla la energía de los puntos de recogida dorsales

Repite el proceso utilizado para formar el pakua frontal tal como fue descrito en la fórmula 1, pero ahora en el dorso, a una distancia de cuatro centímetros de la Puerta de la Vida. Una vez hayas hecho esto y puedes ya sentir dicho pakua, recoge —siempre con un movimiento espiral— las energías de los siguientes puntos. (Nota que la ubicación de los puntos de recogida que ahora se van a crear no coincide con la situación de los ya descritos. Su función es recoger las energías que puedan todavía quedar en las zonas aledañas a los órganos. El origen de tales energías no ha podido ser totalmente determinado.)

a. Forma una esfera en el sacro y recoge en ella la energía fría de los riñones.
b. Forma una esfera detrás del corazón, entre las vértebras T-5 y T-6. Recoge en ella la caliente energía del corazón.
c. Lleva ambas energías con movimiento espiral al pakua dorsal y, allí, mézclalas.
d. Forma una esfera en el borde derecho del pakua dorsal. Recoge en ella la cálida y húmeda energía del hígado, siempre con un movimiento espiral.
e. Forma una esfera en el borde izquierdo del pakua dorsal. Recoge en ella la fresca y seca energía de los pulmones.
f. Con un movimiento espiral, lleva las energías de ambas esferas al pakua dorsal; allí, mézclalas (figura 17).

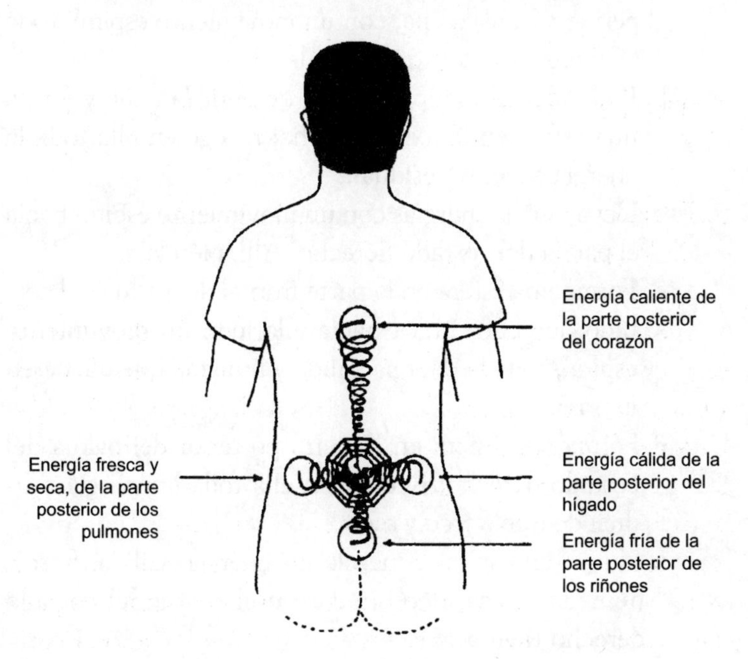

Figura 17. Puntos de recogida del pakua dorsal

9. Lleva las energías de los pakuas frontal y dorsal al caldero

Lleva al caldero, con un movimiento espiral, las energías del pakua frontal y del pakua dorsal. Allí, mézclalas.

10. Forma el pakua del costado derecho y mezcla en él las energías de los puntos de recogida del costado derecho

Forma el pakua del costado derecho. Lleva a él —siempre con un movimiento espiral— las energías de los siguientes puntos:

a. Forma una esfera en la cadera derecha, a la altura del perineo. Lleva a ella, con un movimiento espiral, toda la energía fría que quede en la zona.
b. Redondea el omóplato a fin de abrir la axila y forma una esfera en la axila derecha; recoge en ella toda la energía caliente residual.
c. Lleva ambas energías con un movimiento espiral hacia el pakua del costado derecho. Allí, mézclala.
d. Forma una esfera en la parte frontal del pakua del costado derecho. Lleva hacia ella, con un movimiento espiral, toda la energía cálida y húmeda que quede en la zona.
e. Forma una esfera en la parte posterior del pakua del costado derecho. Recoge en ella toda la energía residual de tipo fresco y seco.
f. Mueve en espiral y mezcla las energías cálida, fresca, húmeda y seca, depositadas en el pakua del costado derecho (figura 18).

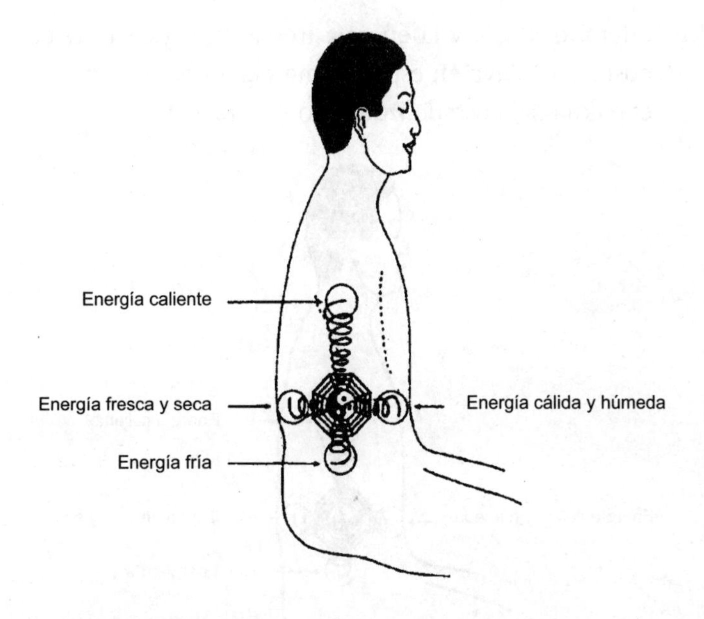

Figura 18. El pakua del costado derecho y sus puntos de recogida

11. Forma el pakua del costado izquierdo y mezcla en él las energías procedentes de los puntos de recogida de dicho costado

Forma el pakua del costado izquierdo y lleva a él la energía de los siguientes puntos:

a. Forma esferas y recoge en ellas las energías de la cadera y de la axila izquierdas igual que se ha descrito anteriormente. Lleva con un movimiento espiral y mezcla en el pakua del costado izquierdo esas energías calientes y frías.

b. Forma esferas en la parte frontal y trasera del pakua izquierdo, como anteriormente se hizo con el derecho. Lleva en espiral y recoge la energía suave y tibia en la esfera anterior, y la energía fresca y seca en la esfera posterior. Lleva en espiral y mezcla ambas energías en el pakua del costado izquierdo (figura 19).

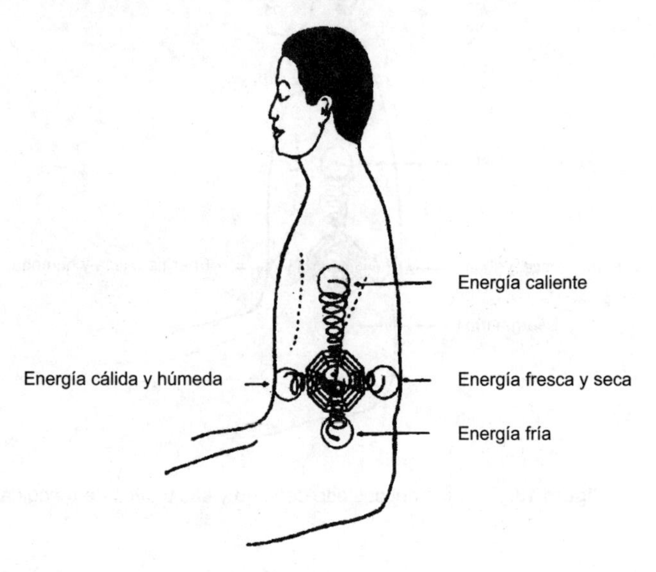

Figura 19. El pakua del costado izquierdo y sus puntos de recogida

12. Lleva al caldero las energías de los pakuas derecho e izquierdo

Lleva —con un movimiento espiral— las energías de ambos pakuas laterales al caldero. Muévelas en espiral y mézclalas con las energías procedentes de los pakuas frontal y dorsal.

13. Condensa estas energías, formando con ellas una perla refinada

Condensa las energías del caldero procedentes de los pakuas frontal, dorsal, derecho e izquierdo. Esta perla, formada con la esencia de los órganos y de la totalidad del cuerpo, es muy refinada. Se la puede percibir como un punto de luz o de energía muy condensada (figura 20).

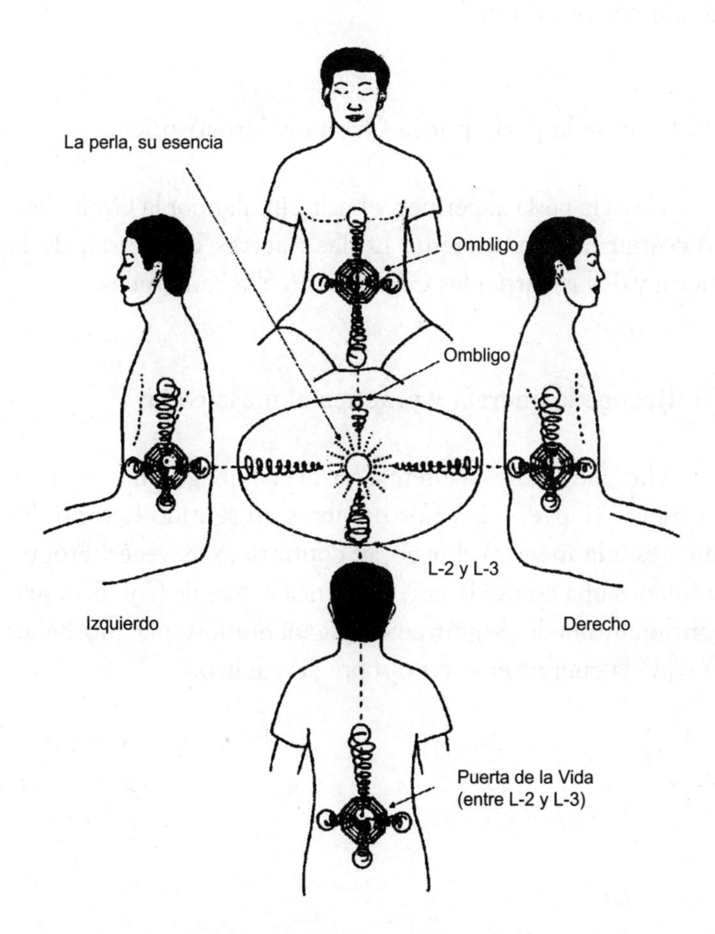

Figura 20. Los cuatro pakuas y sus puntos de recogida

14. Ancla en la perla sensaciones de paz y armonía

En el momento en que sientas una gran paz y armonía interna, ancla estas sensaciones en la perla mediante poderosas afirmaciones verbales.

15. Circula la perla por la Órbita Microcósmica

Lleva la perla al perineo y hazla circular por la Órbita Microcósmica. Sé consciente de las Fuerzas Universal, de la Tierra y de las Partículas Cósmicas en ella contenidas.

16. Recoge la energía y practica el masaje chi

Haz que circule la energía hasta el ombligo y muévela allí en espiral nueve veces (los hombres en sentido horario, las mujeres a la inversa). Luego, al contrario, seis veces. Frótate las manos una contra la otra y practica el masaje Chi. Si deseas continuar, puedes seguir con la siguiente fórmula tras haber movido la energía en espiral sobre el ombligo.

Fórmula 3

Conectando los sentidos con los órganos. Autocontrol de los sentidos. Sellado de las aberturas. Victoria sobre las tentaciones

A. Teoría

Al igual que un padre con su hijo, cada uno de nuestros sentidos está relacionado con un órgano concreto. Si, como los hijos maleducados, los órganos emiten energía negativa, deberán ser controlados y armonizados por los sentidos, sus padres. En caso de que los sentidos o los órganos estén débiles o enfermos, se originarán más emociones negativas, pues la disciplina brillará por su ausencia. Reconociendo estas reacciones padre/hijo y reforzándolas, podremos incrementar sensiblemente nuestra energía.

1. Oídos - riñones

Los oídos son las aberturas de los riñones. Escuchando e incrementando nuestra conciencia de los riñones, llevaremos hacia el interior el sentido del oído. Tal vez sintamos el equilibrio interno, la paz y la armonía. Quizás lleguemos a escuchar la música celestial, muy distinta de la terrestre (figura 21).

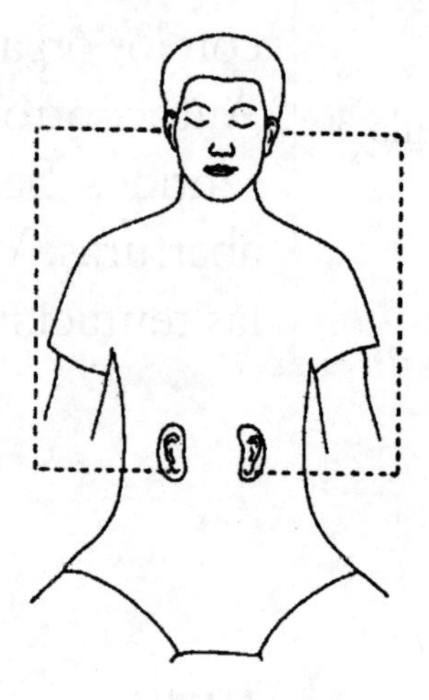

Figura 21. Conectando los oídos con los riñones

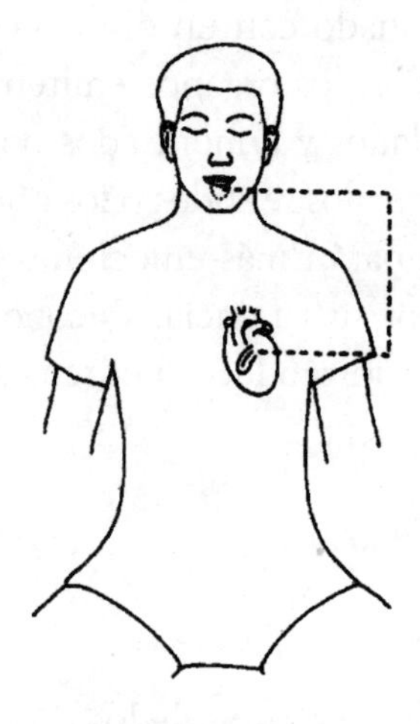

Figura 22. Conectando la lengua con el corazón

2. Lengua - corazón

La lengua es la abertura del corazón. Conectando ambos, el centro del habla se interioriza y la tentación de hablar sin sentido será controlada. La lengua y el corazón se sentirán en paz (figura 22).

3. Ojos - hígado

Los ojos son las aberturas del hígado. Mirando hacia éste, interiorizamos el sentido de la vista y seremos capaces de controlar las tentaciones visuales (figura 23).

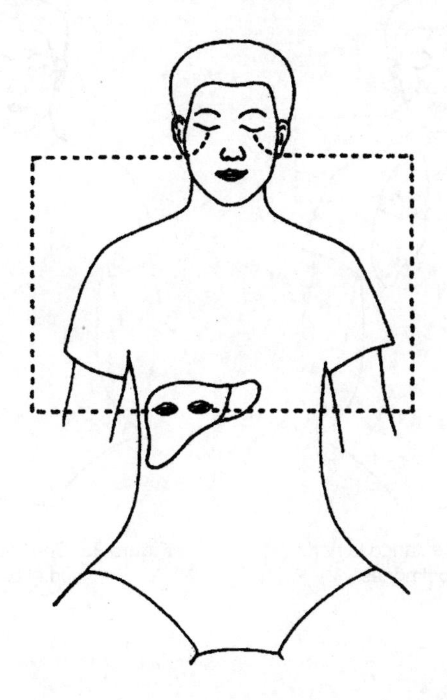

Figura 23. Conectando los ojos con el hígado

4. Nariz - pulmones

La nariz es la abertura de los pulmones. Al conectar la nariz con los pulmones, se interioriza el sentido del olfato y pueden controlarse las tentaciones de los olores (figura 24).

5. Boca - bazo

La boca es la abertura del bazo. Al conectar la boca con el bazo, interiorizamos el sentido del gusto y podemos controlar las tentaciones de la gula (figura 25).

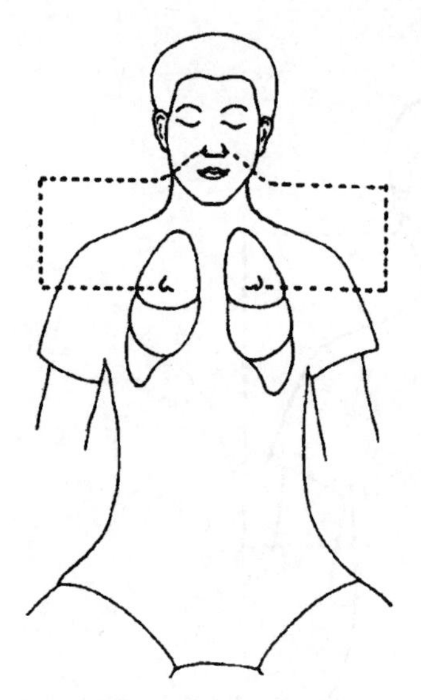

Figura 24. Conectando la nariz con los pulmones

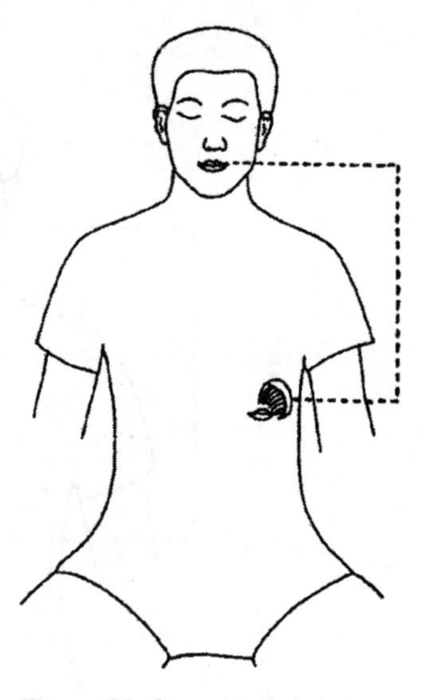

Figura 25. Conectando la boca con el bazo

B. Procedimiento para conectar los sentidos con los órganos

Los sentidos se conectan con su órgano correspondiente en parejas (figura 26).

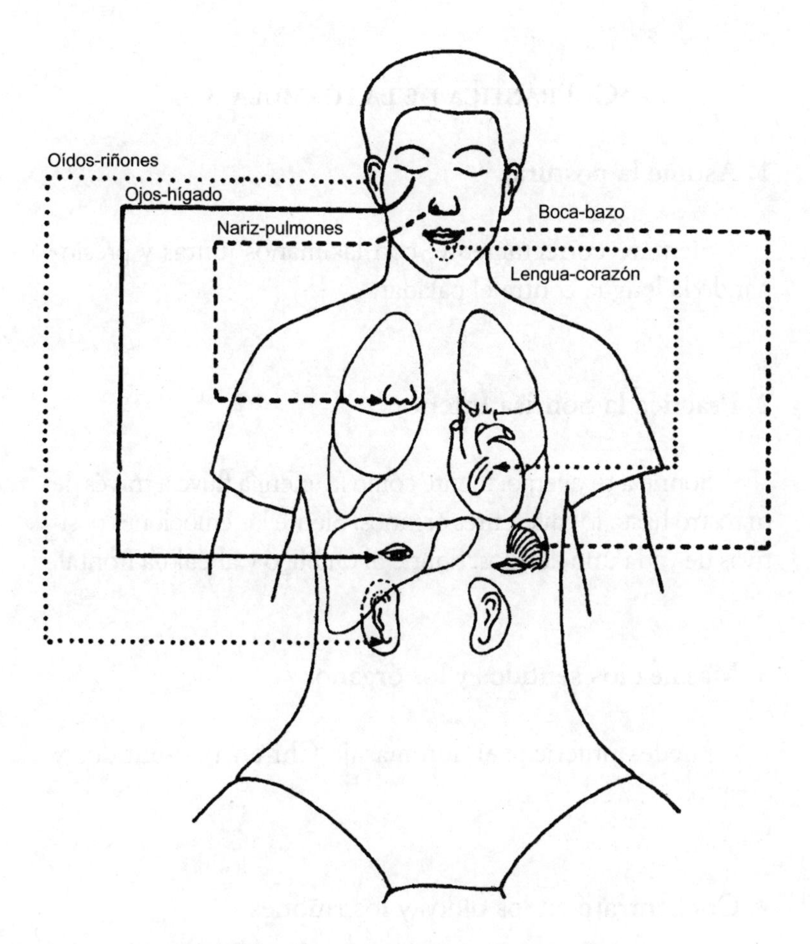

Figura 26. Conexiones entre los sentidos y los órganos

1. Los oídos se conectan con los riñones (energía fría) y la lengua con el corazón (energía caliente).
2. Los ojos se conectan con el hígado (energía cálida y húmeda) y la nariz con los pulmones (energía fresca y seca).
3. La boca se conecta con el bazo (energía suave y tibia) y con el pakua frontal.

C. PRÁCTICA DE LA FÓRMULA 3

1. Asume la postura

Siéntate correctamente, con las manos juntas y presionando la lengua contra el paladar.

2. Practica la Sonrisa Interior

Sonríe a tu cuerpo. Siente cómo la energía fluye a través de tu rostro hasta los diferentes órganos. Siente las emociones positivas de cada uno de ellos. Sonríe al ombligo y al pakua frontal.

3. Masajea los sentidos y los órganos

Puedes practicar el automasaje Chi en tus sentidos y órganos.

4. Concéntrate en los oídos y los riñones

a. Concéntrate en tus oídos moviendo en ellos la energía en espiral. Escucha, vuelve tu atención hacia dentro, hacia los riñones, y dirige hacia ellos la espiral de energía que has creado en tus oídos. Lleva la esencia de los oídos a los riñones acentuando la espiral en ellos, con lo que la energía se hará allí más potente. Luego recoge en los riñones la energía de los oídos, junto a la fría energía que constituye su propia esencia.

b. Forma una esfera en el perineo (lugar de recogida de los riñones). Gírala en espiral a fin de atraer y recoger en ella la energía fría que constituye la esencia de los riñones y también la energía de los oídos concentrada en ellos (figura 27).

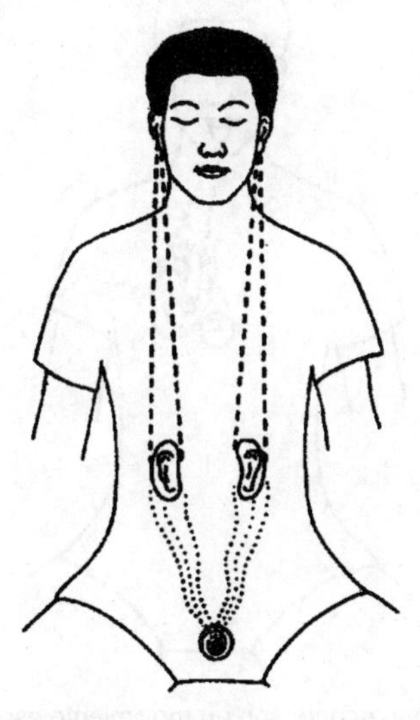

Figura 27. Lleva y recoge, con un movimiento espiral, la energía de los oídos y de los riñones

5. Concéntrate en la lengua y el corazón

a. Concéntrate en tu lengua. Muévela a fin de generar saliva y, al mismo tiempo, masajea el corazón. Mueve en espiral la energía de la lengua. Traga la saliva que has originado y lleva hacia el corazón, con un movimiento espiral, la esencia de la lengua. Vuelve tu atención hacia el corazón. Incrementa allí el movimiento espiral de la energía de la lengua y recógela en él, junto a la caliente energía que constituye la esencia del corazón.

b. Forma una esfera en el centro de recogida del corazón y crea allí una potente espiral de energía. Atrae y recoge en esa esfera la energía caliente que es la esencia del corazón y la energía gustativa, que es la esencia de la lengua (figura 28).

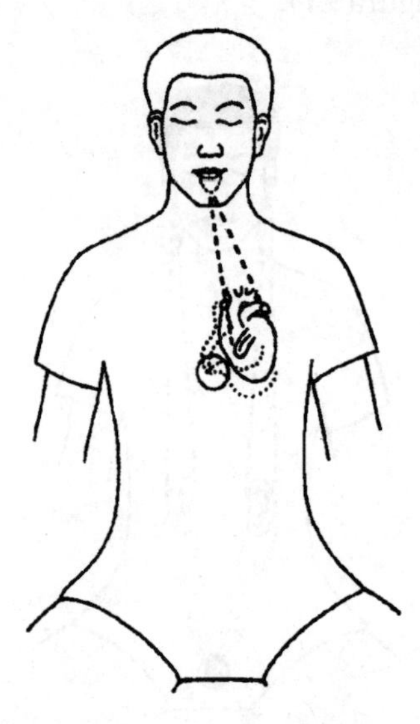

Figura 28. Lleva y recoge, con un movimiento espiral, la energía de la lengua y del corazón

6. Lleva con un movimiento espiral y mezcla las energías esenciales en el pakua frontal

Desde los dos puntos de recogida citados, lleva en espiral las energías hasta el pakua frontal, mezclando allí las energías de los riñones y del corazón. Siente la esencia fría y la caliente, y mézclalas totalmente. Nota cómo los sentidos son atraídos hacia dentro.

7. Concéntrate en los ojos y el hígado

a. Concéntrate en los ojos. Muévelos para masajearlos y masajea, al mismo tiempo, el hígado. Mira hacia dentro, hacia el hígado, y efectúa una conexión entre tus ojos y tu hígado con un movimiento en espiral que los una. Haz que esa espiral adquiera más fuerza en el hígado y atraiga hacia él la energía visual de los ojos. Recoge en el hígado la energía húmeda y cálida que constituye su esencia.

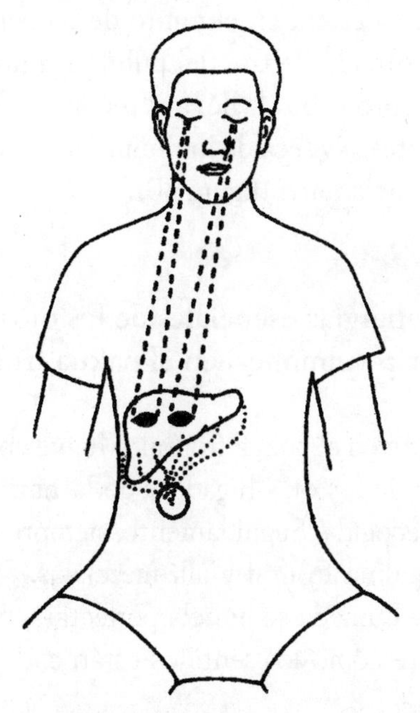

Figura 29. Mueve en espiral y recoge la energía de los ojos y del hígado

b. Forma una esfera en el punto de recogida debajo del hígado. Con un movimiento espiral, lleva allí y recoge en dicha esfera la mezcla de la energía cálida y húmeda del hígado y de la energía visual, esencia de los ojos (figura 29).

8. Concéntrate en la nariz y los pulmones

a. Centra tu atención en la nariz. Inspira y exhala, masajea la nariz y los pulmones. Inspira y siente la conexión existente entre la nariz y los pulmones, moviendo la energía entre ellos en espiral. Siempre con un movimiento espiral, recoge en los pulmones su energía propia (fresca y seca) y también la energía olfativa de la nariz.
b. Forma una esfera en el punto de recogida de los pulmones, situado debajo del pulmón izquierdo. Con un movimiento espiral, lleva y recoge en esta esfera la energía fresca y seca de los pulmones junto a la energía olfativa de la nariz (figura 30).

9. Mezcla las energías esenciales de los ojos-hígado con las de la nariz-pulmones, en el pakua frontal

Concéntrate en el pakua frontal. Mueve en espiral y mezcla las energías de los ojos-hígado y de la nariz-pulmones en sus puntos de recogida. Seguidamente, siempre en espiral, llévalas hasta el pakua frontal y allí mézclalas. Siente cómo la energía cálida y húmeda se mezcla perfectamente con la fresca y seca. Siente cómo los sentidos están cada vez más concentrados.

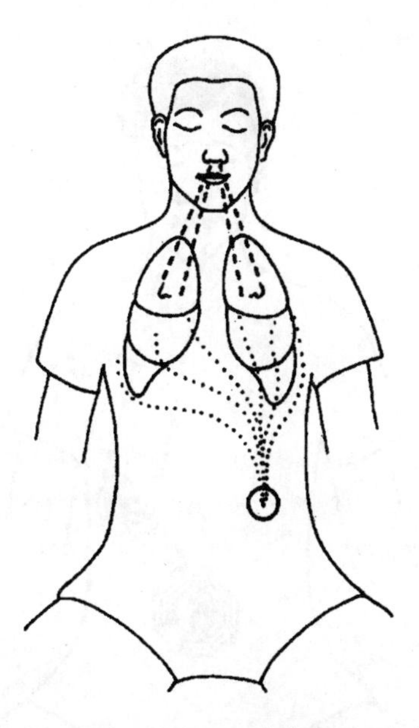

Figura 30. Lleva y recoge con un movimiento espiral, la energía de la nariz y de los pulmones

10. Concéntrate en la boca y el bazo

Concéntrate en tu boca y establece una conexión entre ella y el bazo, mediante una espiral de energía. Recoge la energía tibia que es la esencia del bazo y también la energía de la boca en el pakua frontal. Percibe cómo los sentidos se sienten seguros mientras las energías se mezclan (figura 31).

11. Forma los pakuas dorsal, derecho e izquierdo y lleva las energías recogidas en ellos al caldero

Sé consciente del pakua dorsal, de sus puntos de recogida y de la energía en ellos reunida. Imprime un movimiento espiral a los pakuas frontal y dorsal, a fin de que sus energías

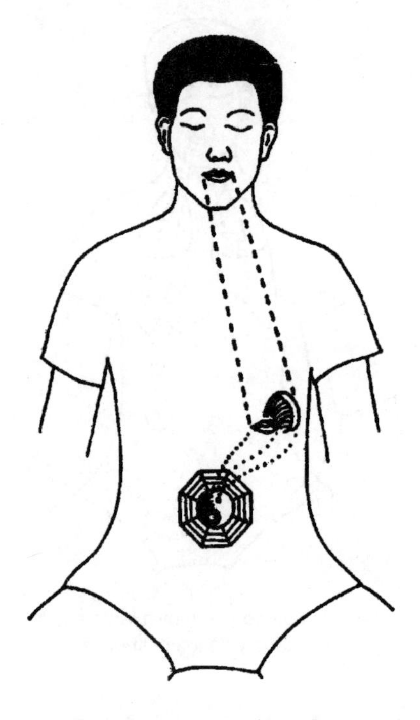

Figura 31. Con movimiento espiral, recoge las energías de la boca y del bazo

vayan depositándose en el caldero. Sé consciente del pakua izquierdo y de sus puntos de recogida y, del mismo modo, sé también consciente del pakua derecho y de sus puntos de recogida. Imprime a los pakuas derecho e izquierdo el movimiento espiral, a fin de que las energías depositadas en ellos vayan cayendo en el caldero (figura 32).

12. Forma una perla

Mueve en espiral y mezcla las energías condensadas en el caldero para formar con ellas una perla.

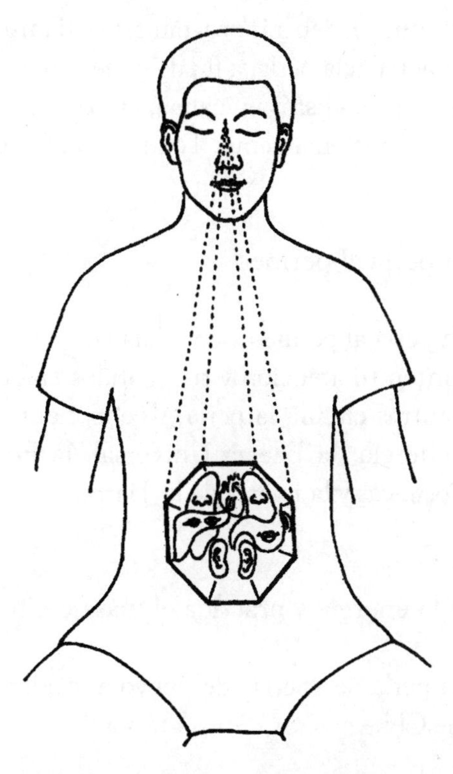

Figura 32. Lleva las energías de todos los sentidos y de los órganos al caldero, y allí combínalas

13. Afirma tu autocontrol, anclando y programando la perla con afirmaciones verbales

Cuando sientas que tus sentidos y tus órganos están conectados y que la esencia de todos ellos confluye en un mismo lugar, el caldero, tendrás una sensación de control. Sentirás que todo está a cubierto y bajo el control de un centro. Esa sensación te hará más fuerte e incrementará tu poder para vencer las tentaciones, pues tanto tus sentidos como tus órganos estarán muy reforzados. Cuando más aguda sea esa sensación de control, deberás programarte a ti mismo, anclando dicha sensación a la perla, a fin de poder revivirla luego en cualquier momento: «Estoy en calma, en paz, centrado, equilibrado física y emocionalmente. Todo está bajo mi control».

14. Lleva la perla al perineo

Lleva la perla al perineo y circúlala por la Órbita Microcósmica. Mantén tu atención y tus sentidos enfocados en su interior. Mientras circula la perla, sé consciente de las tres fuentes de energía: la Fuerza Universal, la Fuerza de las Partículas Cósmicas y la Fuerza de la Tierra.

15. Recoge la energía y practica el masaje Chi

Lleva la perla de energía de nuevo al caldero y termina con el masaje Chi.

Fórmula 4 — Transformando las emociones negativas de los órganos en energía utilizable

A. Teoría: relaciones entre órganos y emociones

Según la manera de razonar taoísta, las emociones negativas pueden ser transformadas para utilizar su energía vital. De este modo, expulsar o suprimir las emociones indeseadas o negativas equivale a expulsar o suprimir fuerza vital. En el sistema taoísta, en lugar de suprimir esas emociones negativas, se cree que es mejor experimentarlas (figura 33), es decir, permitirles que salgan a la superficie, pero sin dejar que tomen ellas el control, ni que generen a su vez otras emociones negativas. En lugar de ello, se las intenta controlar, transformándolas no sólo en energía utilizable, sino también en una conciencia más elevada, que es nuestra energía espiritual.

Al conectar los sentidos con los órganos en la fórmula 3, tal vez hayas sentido cómo tus emociones comienzan a emerger. Tú las puedes controlar. Ve en la tabla 1 las emociones

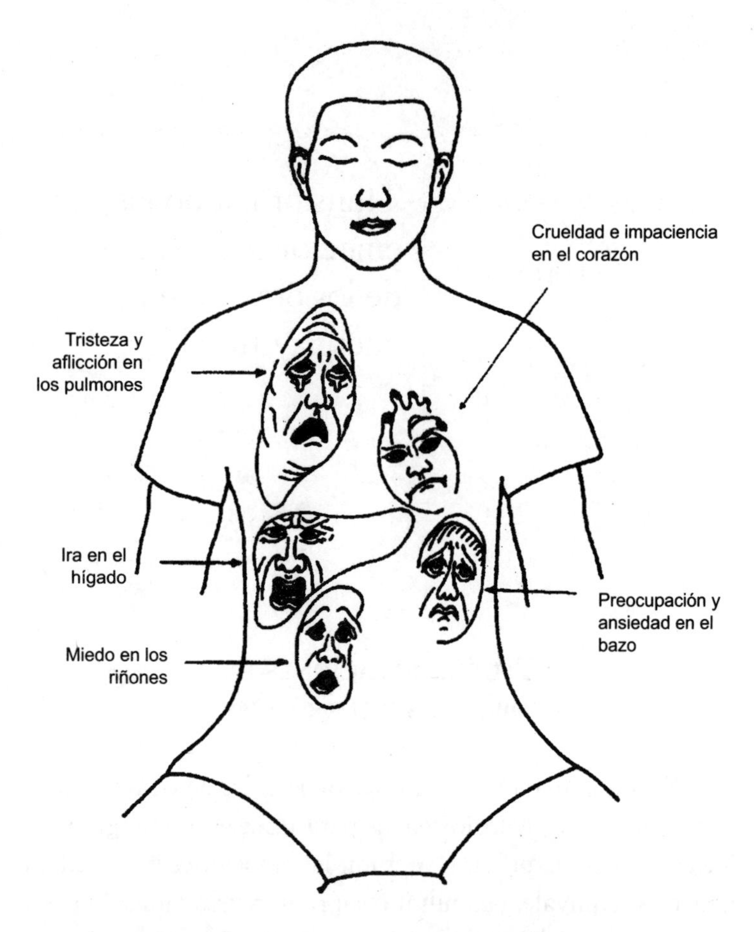

Figura 33. Las Emociones Negativas y los Órganos

negativas que desearías transformar. Una vez los órganos estén limpios de emociones negativas, estudia la tabla 2, más detallada que la anterior y que comprende tanto los aspectos positivos como los negativos de cada modalidad —forma, color, olor, temperatura, etc—. Seguramente te resultará más fácil un sistema de representación que otro; esto dependerá de tus percepciones visuales, auditivas y cinestésicas. Al menos deberás ser capaz de relacionar una de las modalidades.

Algunas personas habituadas a reprimir sus emociones suelen reaccionar con fuerza ante esta práctica, reacción que se origina al surgir sus emociones a la superficie. Si es éste tu caso, deberás practicar más prolongadamente los Sonidos Curativos y también la Sonrisa Interior. Antes de intentar transformar las emociones negativas profundamente enterradas en los órganos, es imprescindible sanarlos.

Al transformar las emociones negativas de cada órgano en energía utilizable, emplea los Ciclos Controladores o Compensadores, como ayuda para equilibrar dicha energía (figura 34).

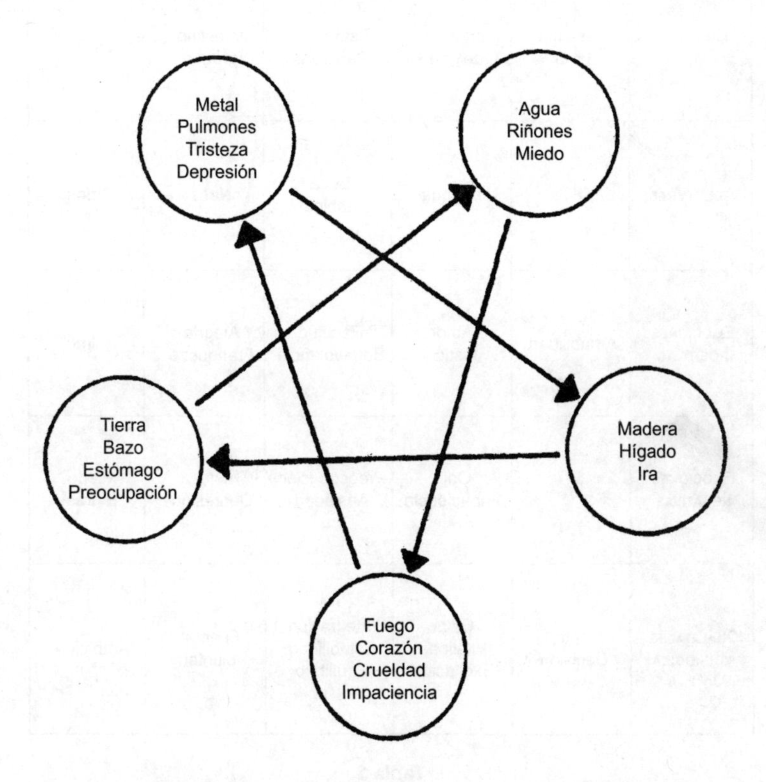

Figura 34. Ciclos Controladores o Compensadores

CORRESPONDENCIA DE LOS ÓRGANOS CON LOS CINCO ELEMENTOS					
	MADERA	**FUEGO**	**TIERRA**	**METAL**	**AGUA**
ÓRGANOS YIN	Hígado	Corazón	Bazo	Pulmones	Riñones
ÓRGANOS YANG	Vesícula biliar	Intestino delgado	Estómago Páncreas	Intestino grueso	Vejiga
ABERTURAS	Ojos	Lengua	Boca Labios	Nariz	Oídos
EMOCIONES POSITIVAS	Amabilidad	Amor Justicia	Rectitud Benevolencia	Alegría Franqueza	Ánimo
EMOCIONES NEGATIVAS	Ira	Odio Impaciencia	Preocupación Ansiedad	Tristeza Depresión	Miedo Estrés
CUALIDADES PSICOLÓGICAS	Control Decisión	Calor Vitalidad Excitación	Integración Estabilidad Equilibrio	Fuerza Voluntad	Ambición

Tabla 1

B. PRÁCTICA DE LA FÓRMULA 4

1. Sonríe a tu cuerpo

Sonríe y genera en cada uno de los diferentes órganos las cualidades de la energía del amor.

2. Forma el pakua frontal

Como en las fórmulas anteriores, crea el pakua frontal.

3. Sé consciente del miedo en los riñones

Lleva tu conciencia a los oídos y escucha los riñones. Sé consciente del miedo o de cualquier otra sensación desagradable, ya se manifieste como un sonido, sabor, color, forma o simple sensación. Su energía puede ser fría y desapacible, azul turbio, contrayente, o puede presentar formas torpes. Respira y extrae de los riñones el miedo y cualquier otra emoción que no te guste con un movimiento espiral. Recógela en el punto de recogida de los riñones (figura 35).

4. Sé consciente de la impaciencia en el corazón

Mueve la lengua, conéctala con el corazón y sé consciente de la impaciencia, la crueldad o cualquier otra sensación desagradable existente en tu corazón. Puede manifestarse como una sensación, una forma, un sonido o una imagen. La sensación puede ser de una energía saliendo aceleradamente, o bien de algo que oprime al corazón de un modo desagradable.

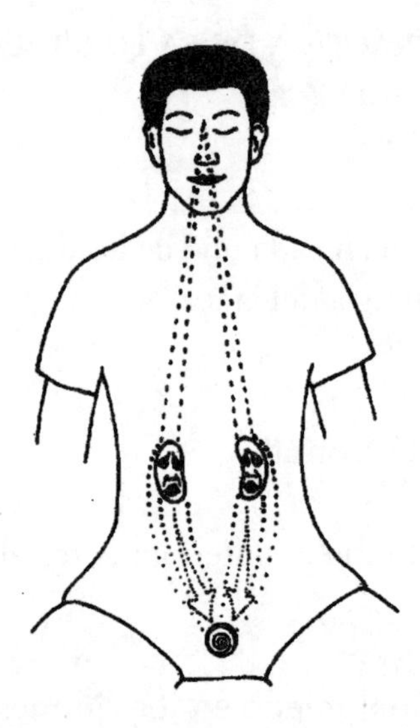

Figura 35. Recoge el miedo en el punto de recogida de los riñones

Las sensaciones desagradables del corazón se pueden también sentir como un color rojo barroso, o pueden ser calientes, inestables, pequeñas, ruidosas o ácidas. Respira y saca con un movimiento espiral todas esas emociones de tu corazón, recogiéndolas en el punto de recogida del corazón (figura 36).

5. Lleva con un movimiento espiral, mezcla y transforma la energía del corazón y de los riñones en el pakua frontal

Saca las energías negativas del corazón y de los riñones de sus puntos de recogida con un movimiento espiral, y llévalas al pakua frontal. Muévelas allí y mézclalas. La energía pura atrapada en esas sensaciones y sentimientos negativos se liberará y permanecerá en el centro del pakua. Mueve en espiral ambas energías hasta que se conviertan en una energía dorada y

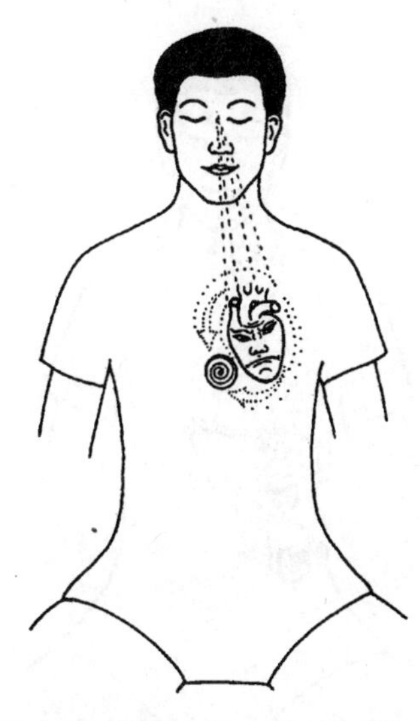

Figura 36. Recoge la crueldad, la impaciencia y todas las emociones negativas del corazón en su centro de recogida

brillante, energía que irradiará amor y dulzura desde el centro del pakua a todo su ser.

6. Siente la ira en el hígado

Mueve los ojos, conéctalos con el hígado y sé consciente de la ira y de cualquier otra sensación indeseable allí almacenada. La energía de la ira puede sentirse como una afilada punta de lanza, como algo caliente, doloroso, rojo, turbio o puntiagudo. Puede ser destructiva y expansiva. Saca la ira o cualquier otra sensación negativa de tu hígado con un movimiento en espiral, llevándola al punto de recogida del hígado (figura 37).

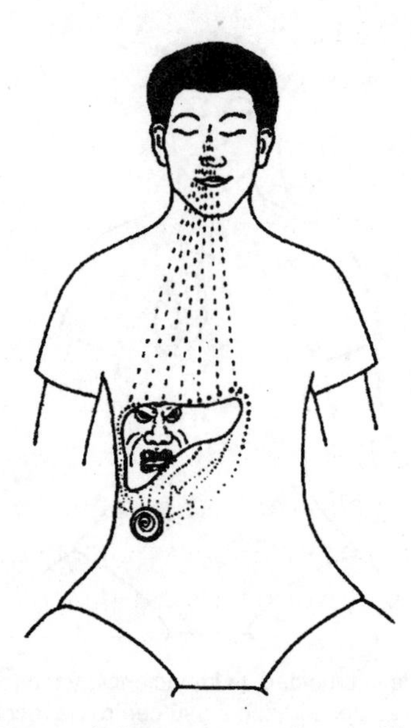

Figura 37. Recoge la ira en el punto de recogida del hígado

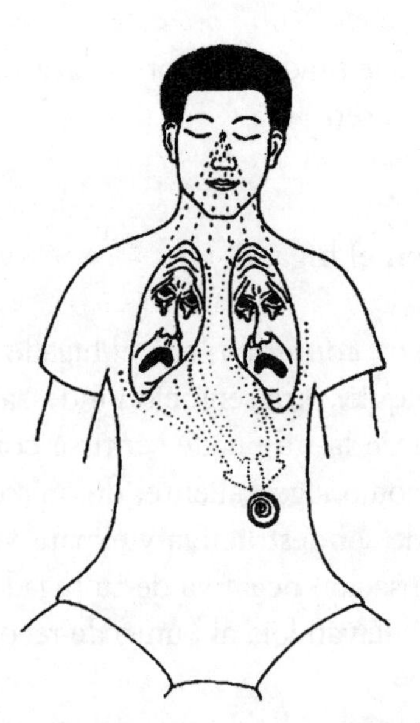

Figura 38. Recoge la tristeza y la aflicción en el punto de recogida de los pulmones

7. Sé consciente de la tristeza y la depresión en los pulmones

Inspira y exhala. Luego inspira de nuevo y establece una conexión entre la nariz y los pulmones. La energía negativa de los pulmones puede adoptar la forma de tristeza, pesar y depresión, pero también pueden estar presentes otras sensaciones desagradables. Cuando estamos tristes, sentimos decaimiento, debilidad y muy poca energía. La tristeza o cualquier otra energía negativa de los pulmones puede ser gris, fría, mohosa o salada. Saca con un movimiento espiral toda tristeza y cualquier otra emoción negativa de los pulmones. Llévala —siempre en espiral— al punto de recogida de los pulmones (figura 38).

8. Mueve en espiral, mezcla y transforma la energía del hígado y la energía de los pulmones en el pakua frontal

Lleva en espiral las energías depositadas en los puntos de recogida del hígado y de los pulmones al pakua frontal. Allí, muévelas también en espiral y mézclalas, usando el poder del pakua para neutralizar la tristeza y la ira. La adición de amabilidad y ánimo las transformará en una luz dorada que brillará en el centro del pakua.

9. Sé consciente de la preocupación en el bazo

Conecta la boca con el bazo y sé consciente de la preocupación o de cualquier otra emoción desagradable allí existente. La energía negativa del bazo puede ser percibida como turbia, amarga, vacilante, incierta y mojada. Como consecuencia de ella, te puedes sentir limitado, pequeño e incómodo. Saca en espiral la preocupación y cualquier otra energía desagradable de tu bazo. Llévala al pakua frontal a fin de mezclarla con las otras energías allí depositadas (figura 39).

10. Lleva, con un movimiento espiral, todas las energías negativas residuales al pakua frontal

Vuelve a cada uno de los órganos y a sus puntos de recogida. Respira y muévelos en espiral, a fin de sacar de ellos toda la energía negativa residual. Mezcla y neutraliza esas energías con las ya depositadas en el pakua frontal.

Si sientes que careces de la suficiente energía para transferir las emociones negativas, puedes acudir a otra fuente de energía de tu interior. Sé consciente del amor y la alegría que

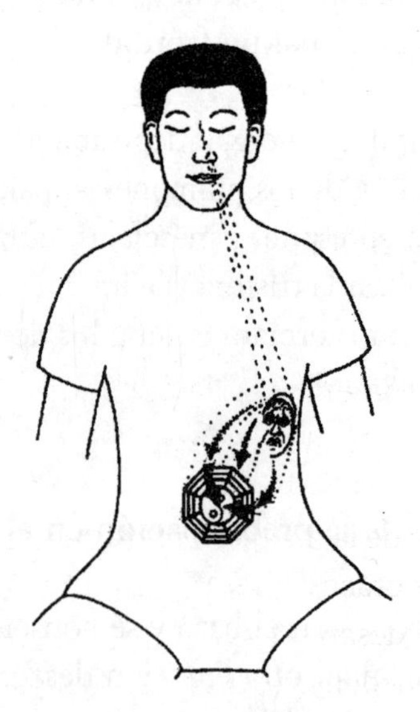

Figura 39. Lleva la preocupación y la ansiedad al punto de recogida del bazo

hay en tu corazón. Lleva esas emociones al pakua y ellas ayudarán a transformar todas las energías negativas allí depositadas.

11. Practica la observación interior

Al volver los sentidos hacia dentro, hemos iniciado el aprendizaje de la observación interior. Desarrollando la habilidad de centrarnos en nuestro interior —oler, escuchar, gustar y oír los órganos y sus actividades— y de observar nuestras emociones negativas sin prejuicio alguno, estamos dando los primeros pasos para desarrollar nuestra verdadera naturaleza.

12. Saca la energía negativa a fin de dejar espacio libre para la positiva

Del mismo modo que la basura puede convertirse en compost y así volverse útil, las energías negativas transformadas también tienen su utilidad. En lugar de desprendernos de nuestra energía vital, la estamos incrementando. Al crear espacio para que la energía positiva pueda crecer, nuestra energía vital aumentará cada vez más.

13. Permite que la energía de la virtud se desarrolle en tus órganos

El desarrollo de la energía de la virtud constituye una parte esencial de las prácticas de la Fusión I y de la Fusión II. La dulzura se puede desarrollar en los riñones. El amor, la felicidad y la alegría pueden crecer en el corazón. La amabilidad se puede desarrollar en el hígado. La rectitud y el ánimo, en los pulmones. La imparcialidad y la franqueza, en el bazo.

PROCESO DE TRANSFORMACIÓN EMOCIONAL: CARACTERÍSTICAS DE LAS EMOCIONES POSITIVAS Y NEGATIVAS

Esta tabla presenta las características emocionales tal como pueden ser percibidas por cualquier individuo. Éstas son experiencias personales, por lo que basándose en las percepciones visuales, auditivas y cinestésicas de cada cual, se pueden dar percepciones que difieran de las presentadas

MODALIDAD	PULMONES		RIÑONES		HÍGADO		CORAZÓN		BAZO	
EMOCIÓN	Tristeza Aflicción	Rectitud Ánimo	Miedo, estrés, terror	Amabilidad	Ira	Amabilidad	Impaciencia Crueldad	Amor, honor Respeto	Preocupación	Dulzura Franqueza
FORMA	Esférica Plana	Alta Derecha	Torpe, diminuta, comprimida	Redonda, plena, expansiva	Aguda	Redondeada Suave	Móvil Espinosa	Recta Abierta	Irregular	Abierta Amplia
COLOR	Gris	Blanco brillante	Gris oscuro brumoso	Brillante azul cielo	Rojo turbio	Suave verde	Naranja borroso	Rojo brillante	Turbio	Amarillo maduro
OLOR	Mohoso	Puro Fresco	Sucio Orines	Fresco	Picante	Dulce Oloroso	Agudo Quemante	Incienso Aromático	Ácido	Limpio Seco
TEMPERATURA	Fría	Confortable Cálida	Fría Desapacible	Fresca Confortable	Caliente Explosivo	Cálido Agradable	Inestable	Cálido Pleno	Húmeda	Cálida
SONIDO	Bajo Sin fuerza	Fuerte Firme Resonante	Agudo Chirriante	Susurros Agradable	Irregular Alto	Melodioso	Ruidoso Irregular	Profundo Sólido	Tembloroso	Claro Entonado
SENSACIÓN	Sin energía Exhausto	Pletórico	Duro Cerrado	Relajado Centrado	Dolor	Acariciante	Irritante	Protectora	Incierta	Equilibrada
TEXTURA	Arrugada	Firme pero agradable	Resbaladiza	Aterciopelada	Áspera	Blanda	Puntiaguda	Confortable Suave	Mojada	Firme
TAMAÑO	Desinflado Bajo	Expandido Elevado	Pequeño	Ilimitado	Expansivo Explosivo	Suavemente expansivo	Pequeño Puntiagudo	Expansivo	Despropor-cionado	Grande Profundo
SABOR	Salado	Satisfactorio	Salado	Suave Miel	Amargo	Dulce	Acético	Agradable	Ácido	Suave
DIRECCIÓN	Hacia abajo	Hacia arriba	Dispersa	Circular	Amenazante	Envolvente	Imprecisa	Firme	Reprimida	Horizontal

Tabla 2

Considera el color de cada órgano como un reflejo de su cada vez mayor energía virtuosa. Los riñones serán de un azul brillante, el corazón de un rojo brillante, los pulmones de un blanco brillante, el hígado de un verde brillante y el bazo de un amarillo brillante (ver tabla 2).

A medida que los órganos se vayan haciendo cada vez más fuertes gracias al desarrollo de la energía virtuosa, los sentidos se irán también reforzando gradualmente. Durante este proceso se desarrollará el verdadero sentido del conocimiento y de la verdadera sabiduría. Una vez hayas observado esas cualidades en tu interior, estarás preparado para observar y experimentar el mundo exterior.

14. La transformación de la energía negativa como el más poderoso acto de perdón

Recuerda alguna ocasión en la que hayas tenido una discusión o una pelea con alguien. Al final, llegó un momento en que ambos decidisteis ver las cosas con tranquilidad y tratar de entender al otro. Tú dijiste: «Te perdono», y la otra persona también te perdonó a ti. En el momento en que hacemos las paces con alguien sentimos como si nos quitaran un gran peso de encima. Nos sentimos liberados, felices y abiertos.

Al convertir el odio en amabilidad estamos realizando el acto del perdón. El perdón es una de las prácticas más importantes de todo el sistema taoísta. Siente tu odio. No lo elimines. No le tengas miedo. Hazte amigo de él. Entiéndelo y lleva su energía a su pakua. Muévela en espiral junto a tus otras emociones y añádele tu energía del amor. Transforma esa combinación de energías en fuerza vital.

En el momento en que la energía se transforma en fuerza vital, sentirás una sensación de libertad, de descanso.

Experimenta esa sensación. Recuerda que eso te ayudará a transformar más energía y con mayor facilidad.

15. Proyecta la virtud interior hacia fuera a fin de incrementar la energía de la virtud

En el taoísmo es muy importante ayudar al mundo, sin generar ningún signo externo que lo revele. Una vez hayas desarrollado en tu interior amor, amabilidad y dulzura, podrás proyectarlos al exterior, hacia los demás. Cuanta más energía virtuosa se proyecta hacia fuera, más se desarrolla ésta internamente. Cuanto más demos, más recibiremos.

Con tu energía interna podrás ayudar a quien esté triste y enojado. Ayuda cada día a estas personas y llenarás su corazón con amor, alegría y amabilidad. A su vez, tú sentirás cómo desde los cielos te llega la Fuerza Universal. En el Nuevo Testamento se nos dice que la mano izquierda no debe saber las buenas obras que hace la derecha. Sólo al Padre le corresponde conocerlas.

Al incrementarse la energía virtuosa de los órganos, ésta puede ser utilizada para la transferencia de conciencia, por lo que su valor se extiende a toda la eternidad. La conciencia creada y transferida mediante la energía virtuosa se puede comparar con lo que depositamos en una cuenta de ahorro, una cuenta en el banco del universo.

16. Practica la observación externa y desarrolla el arte del desapego

Otra importante disciplina taoísta que ha llegado el momento de mencionar es el arte del desapego hacia los elementos materiales y sociales de nuestro mundo físico. Es muy importante que al observar el mundo exterior lo hagamos desde una postura de desapego, pues ello nos preparará para nuestro destino futuro.

Debemos considerar las necesidades vitales —alimento, comida, techo— simplemente como un vehículo que nos ayudará a alcanzar nuestra meta. Camina a través de tu casa, por ejemplo, y trata de averiguar de cuáles objetos podrías prescindir. ¿Te sentirías terriblemente desgraciado si de repente fueras despojado de todas tus posesiones materiales? ¿Podrías soportar que todos tus seres queridos te abandonaran?

El hecho es que cuando finalmente debamos dejar este mundo, no nos podremos llevar nada. Sólo el espíritu sobrevivirá.

17. Prepara al cuerpo para recibir la fuerza universal

La limpieza de las emociones negativas y los bloqueos es muy importante, pues prepara al cuerpo y crea el espacio necesario para poder recibir la Fuerza Universal, abriéndonos a una conciencia más elevada. La Fuerza Universal nos suministra energía que puede ser utilizada para la curación, convertida en fuerza vital, destinada al trabajo espiritual o a cualquier trabajo que requiera de una energía adicional, por ejemplo, cuando es necesario tomar decisiones difíciles o superar alguna crisis.

Podemos considerar este proceso como una especie de «limpieza de la casa» a fin de dejarla preparada. Para sentirnos internamente limpios, el primer paso es limpiar todas las «habitaciones», es decir, eliminar de los órganos todas las energías negativas. El siguiente paso es «limpiar el cuarto de baño». Esto significa limpiar los intestinos, especialmente el intestino grueso, pues el estreñimiento constituye un serio impedimento al libre flujo de la energía. Para mantener el cuerpo limpio es necesario llevar una dieta con abundante fibra, frutas y verduras.

Una «casa» limpia nos hará sentirnos bien, interna y externamente. Sentiremos que nos conocemos mejor a nosotros mismos y que somos más capaces de determinar cuáles son nuestros puntos débiles y fuertes. También nos permitirá controlar mejor los excesivamente fuertes. Esa sensación de limpieza interna nos dará fuerza y control y, al mismo tiempo, nos dispondrá para poder recibir fuerzas más elevadas.

Después de haber practicado la Fusión y antes de irse a dormir, siente el vacío que esa limpieza ha creado en tu interior. Pide al universo, de todo corazón, que llene ese vacío con la energía de la virtud adaptada a tus necesidades. El universo cubrirá esas necesidades. Al despertar por la mañana, sé consciente de ti mismo y muy probablemente recibirás la respuesta o la solución a tus problemas previos.

18. Incrementa las cualidades psicológicas de los órganos

Los taoístas consideran que en los órganos se almacenan datos e información general, y que el cerebro usa y procesa esos datos. Podríamos decir que el mecanismo es muy parecido al de un ordenador. Los órganos son el *software* y el cerebro el *hardware*. Sin ese *software* que suministra información y datos, el ordenador no es capaz de cumplir sus funciones (figura 40).

Una vez reconocida esta conexión podremos mejorar el funcionamiento del cerebro si reforzamos y activamos las cualidades psicológicas positivas de los órganos, ya limpios de sus energías negativas.

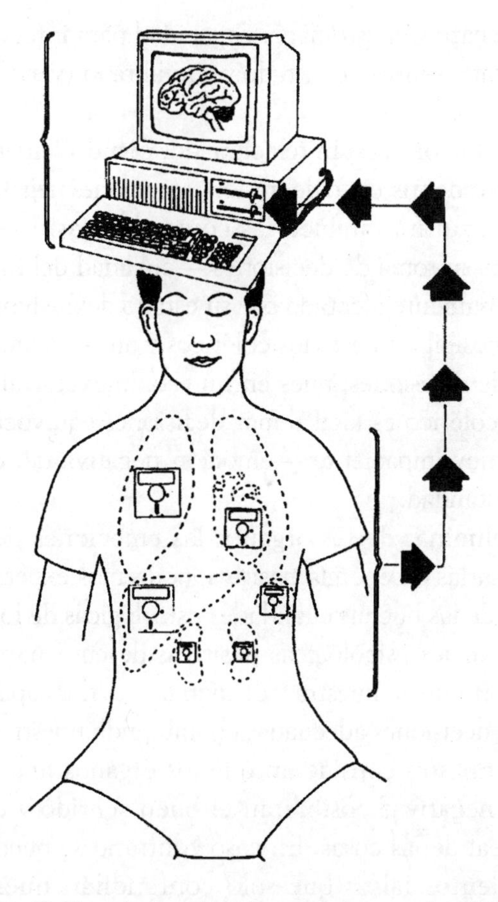

Figura 40. El cerebro es el *hardware*; los órganos el *software*

Las cualidades psicológicas relacionadas con los diferentes órganos son las siguientes:

a. Los riñones y la vejiga: ambición y voluntad.
b. El corazón y el intestino delgado: calidez y vitalidad.
c. El hígado y la vesícula biliar: control y decisión.
d. Los pulmones y el intestino grueso: fuerza y coherencia.

e. El bazo y el estómago: capacidad para integrar, estabilizar y sentirse centrado y equilibrado (ver tabla 1).

Los pulmones están relacionados con el elemento metal. Quien sufra de tristeza o depresión, emociones negativas de los pulmones, sufrirá también las consecuencias de un hígado débil, pues su toma de decisiones —cualidad del hígado— se verá forzosamente afectada por su estado depresivo. Un hígado débil posibilitará estados coléricos y afectará igualmente a la toma de decisiones, pues en un estado excesivamente iracundo o colérico es fácil tomar decisiones equivocadas. Una persona muy impaciente —emoción negativa del corazón— perderá vitalidad.

Al eliminar de los órganos las emociones negativas y transformarlas en energía positiva, podremos experimentar la vitalidad de las buenas cualidades psicológicas de los órganos. Esas cualidades psicológicas positivas desempeñan un papel muy importante en nuestra vida diaria, pues nos capacitan para tomar las decisiones adecuadas equilibrando nuestros juicios.

Los taoístas consideran que los órganos limpios de sus energías negativas posibilitan el buen sentido y el conocimiento real de las cosas. En caso contrario se puede llegar a conocimientos falsos que sólo confundirán nuestro buen sentido.

Cuando un taoísta dice que se encuentra bien, quiere decir que todos sus órganos están de acuerdo, trabajando juntos de un modo positivo y controlando todos sus actos. Libres del dominio de la mente.

19. Forma los pakuas dorsal, derecho e izquierdo y lleva las energías recogidas en ellos al caldero

Toma conciencia del pakua dorsal, de sus puntos de recogida y de todas las energías que hemos reunido de los diferentes sentidos y órganos. Imprime un movimiento rotatorio-espiral a los pakuas frontal y dorsal, a fin de que sus energías pasen al caldero y se mezclen en él. Toma conciencia del pakua izquierdo, de sus puntos de recogida y de todas las energías en él reunidas. Del mismo modo, sé consciente del pakua derecho, de sus puntos de recogida y de todas las energías presentes en él. Gira en espiral los pakuas izquierdo y derecho a fin de que sus energías pasen al caldero y se combinen con las demás allí recogidas.

20. Forma una perla

Funde y condensa en el caldero las energías procedentes de los cuatro pakuas y forma con ellas una perla. Al añadirle las energías de las emociones y de los órganos purificados, la perla brillará con reflejos dorados.

21. Haz circular la perla por la Órbita Microcósmica

Lleva la perla al perineo. Hazla circular por la Órbita Microcósmica. Al hacerlo, siente cómo te llegan las Fuerzas Universal, de las Partículas Cósmicas y de la Tierra (figura 41).

22. Practica el masaje Chi

Finalmente, recoge la energía y practica el masaje Chi.

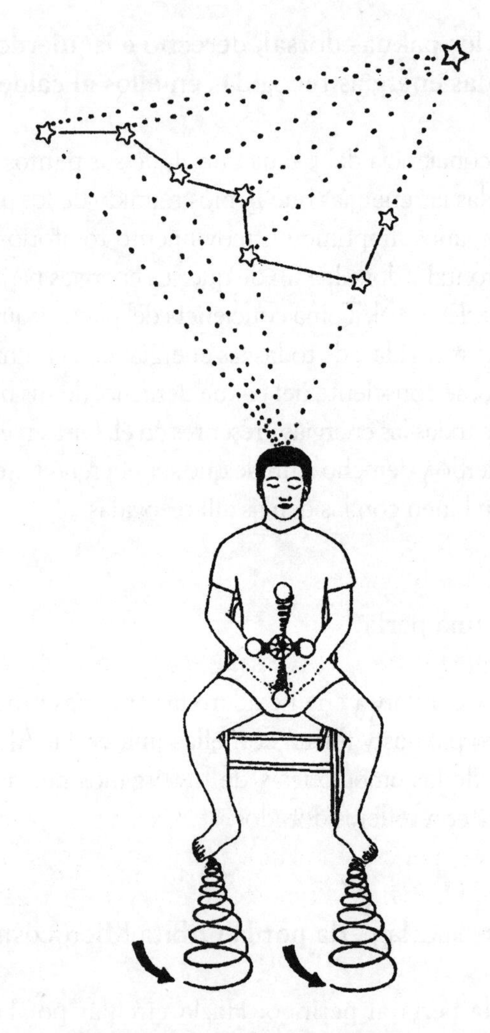

Figura 41. Una vez establecidas las energías de los cuatro pakuas e iniciada la circulación de la Órbita Microcósmica, sé consciente de la Fuerza de la Tierra, de la Fuerza Universal y de las fuerzas de la Estrella del Norte y de la Osa Mayor

Fórmula 5 | Creación de la perla que forma el cuerpo de energía

A. Proceso para crear una perla más avanzada

La fórmula 5 incluye las fórmulas 1 a la 4 y luego sigue llevando más energía a ciertos pakuas. Las energías llevadas a los pakuas frontal, dorsal, derecho e izquierdo son mezcladas. Luego se las condensa en el caldero a fin de crear una perla más potente. La energía altamente radiante y retinada de esta perla se utilizará después para desarrollar el alma o cuerpo de energía.

B. Prácticas de la fórmula 5 para crear la perla

Sonríe a tu cuerpo y forma el pakua frontal, según lo aprendido en las fórmulas 1 a la 4.

1. Forma el pakua frontal y mezcla en él la energía procedente de los puntos de recogida frontales

Conecta los sentidos con los órganos, recoge la energía en los puntos de recogida de los órganos y mezcla las energías y las emociones de los órganos en el pakua frontal. Comienza con las energías de los riñones y del corazón, luego mezcla las energías del hígado y de los pulmones, y después la energía del bazo (figura 42).

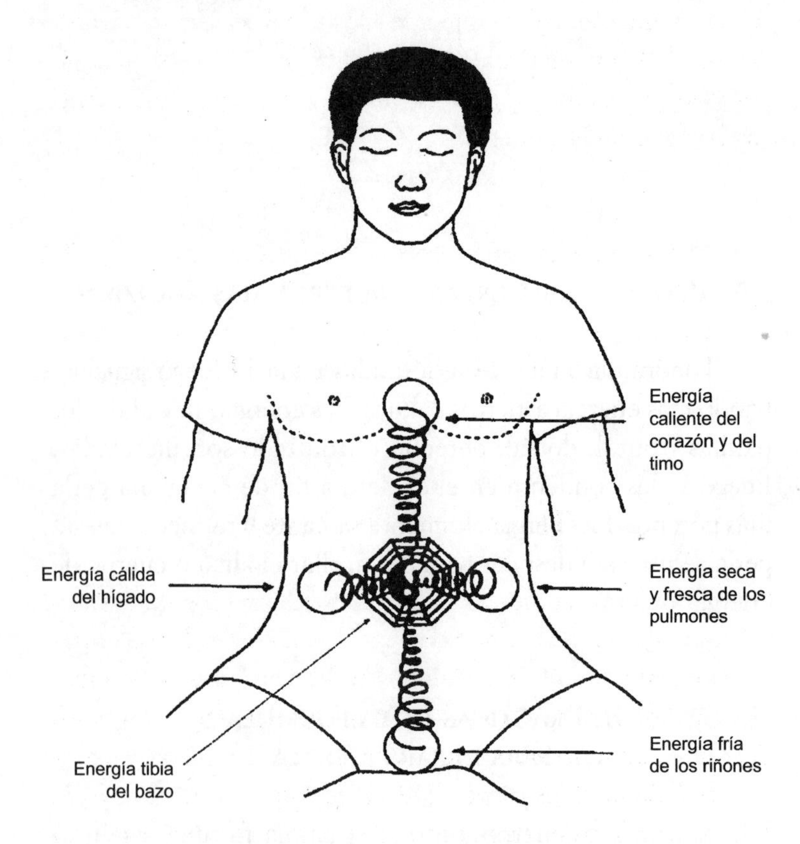

Figura 42. Puntos de recogida del pakua frontal

2. Forma los pakuas dorsal, derecho e izquierdo y lleva las energías recogidas en ellos al caldero

Toma conciencia del pakua dorsal, de sus puntos de recogida y de todas las energías procedentes de los sentidos y órganos correspondientes. Imprime un movimiento rotatorio-espiral a los pakuas frontal y dorsal y combina sus energías en el caldero. Toma conciencia del pakua izquierdo, de sus puntos de recogida y de las energías en él reunidas. Del mismo modo, sé consciente del pakua derecho, de sus puntos de recogida y de todas las energías presentes en él. Imprime a los pakuas derecho e izquierdo un movimiento rotativo-espiral y combina sus energías en el caldero.

3. Condensa las energías en una perla refinada

Funde y condensa las energías de los cuatro pakuas en el caldero, para formar una perla purificada, de color dorado y brillante.

C. TRABAJANDO CON LA PERLA

La práctica con esta perla constituye un proceso bastante avanzado. Para algunas personas, el simple hecho de crearla les llevará ya bastante tiempo. No tengas prisa —la impaciencia disolverá tu perla—. Cada uno de los siguientes pasos deberá ser dominado completamente antes de pasar al siguiente. (Este dominio es especialmente importante cuando, en la Fusión I, se trabaje con la perla sobre la cúspide de la cabeza.)

1. Circula la perla por la Órbita Microcósmica

Lleva la perla al perineo. Haz que circule por la Órbita Microcósmica y, durante su circulación, siente cómo te llegan las Fuerzas Universal, de las Partículas Cósmicas y de la Tierra.

2. Activa las bombas craneal y sacra a fin de abrir la corona

a. Bomba craneal (procesos palatinos de los maxilares)

Para activar la Bomba Craneal, presiona la punta de la lengua contra los dientes inferiores y su parte plana contra el paladar. Aprieta los dientes, lleva el mentón hacia el cuello a fin de reforzar las vértebras cervicales, tira de los ojos hacia dentro, vuelve los oídos, la nariz y la lengua hacia la parte trasera de la cabeza y centra todos tus sentidos en la cúspide del cráneo o corona. Siente la pulsación de la Bomba Craneal ya activada (figura 43). Para los principiantes será más fácil sentir la pulsación de la corona tocando su pulso en la muñeca.

b. Bomba Sacra

Para activar la Bomba Sacra, inspira, tira del perineo, inspira de nuevo y tira de la parte posterior del ano hacia el sacro. Inspira más y lleva la perla desde el perineo al sacro, luego al T11, al C-7, a la base del cráneo y a la cúspide de la cabeza. Inspira otra vez y siente la fuerza presente en la cúspide de la cabeza (figura 44). En este momento tal vez sientas una fuerte sensación, como una brillante onda de luz que sale de la cúspide de tu cabeza: es la llamada luz guía.

NOTA: Quienes sufran de alguna dolencia cardiaca o tengan dificultades para respirar deberán mantener el aliento sólo mientras se sientan cómodos.

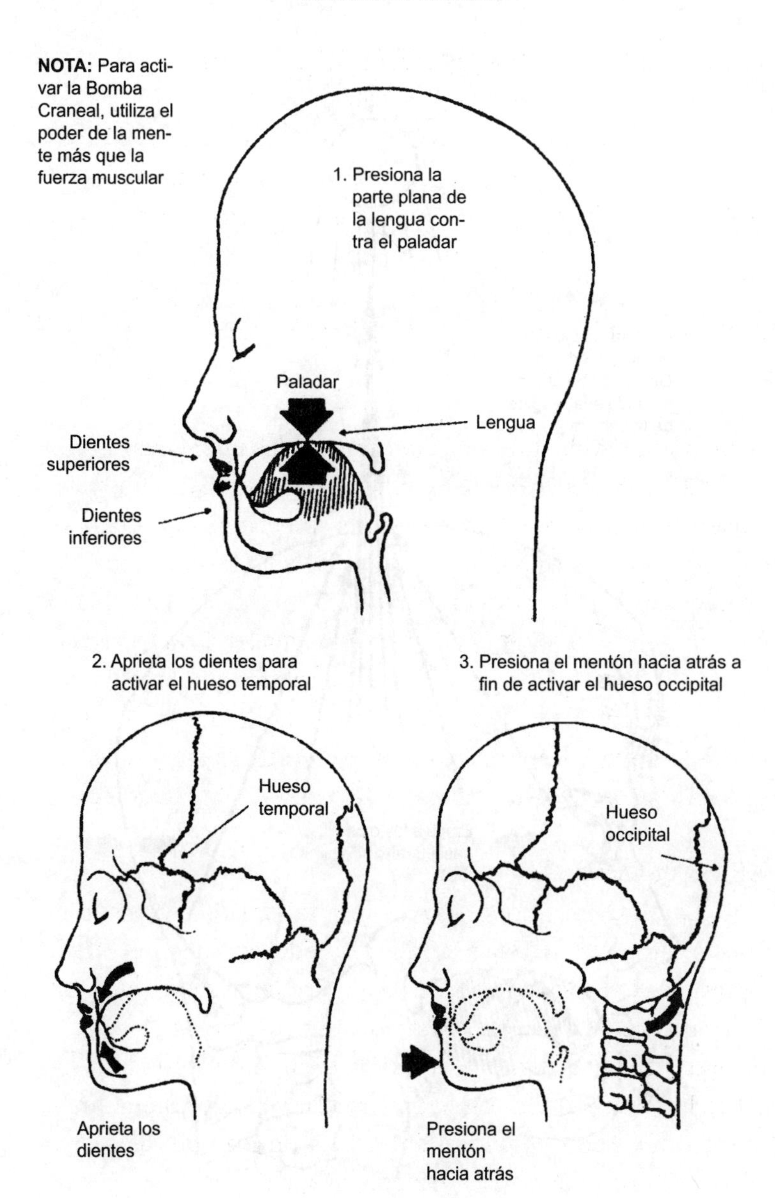

Figura 43. Activación de la Bomba Craneal

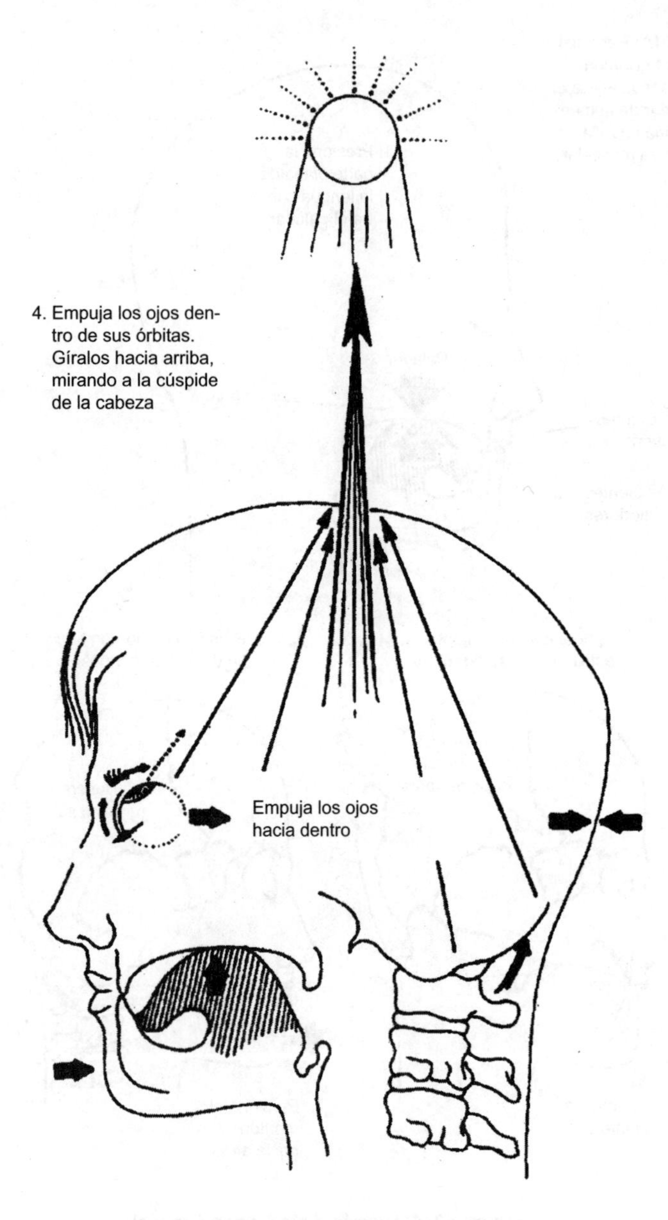

Figura 43 (continuación). Dirige todos los sentidos hacia la cúspide de la cabeza

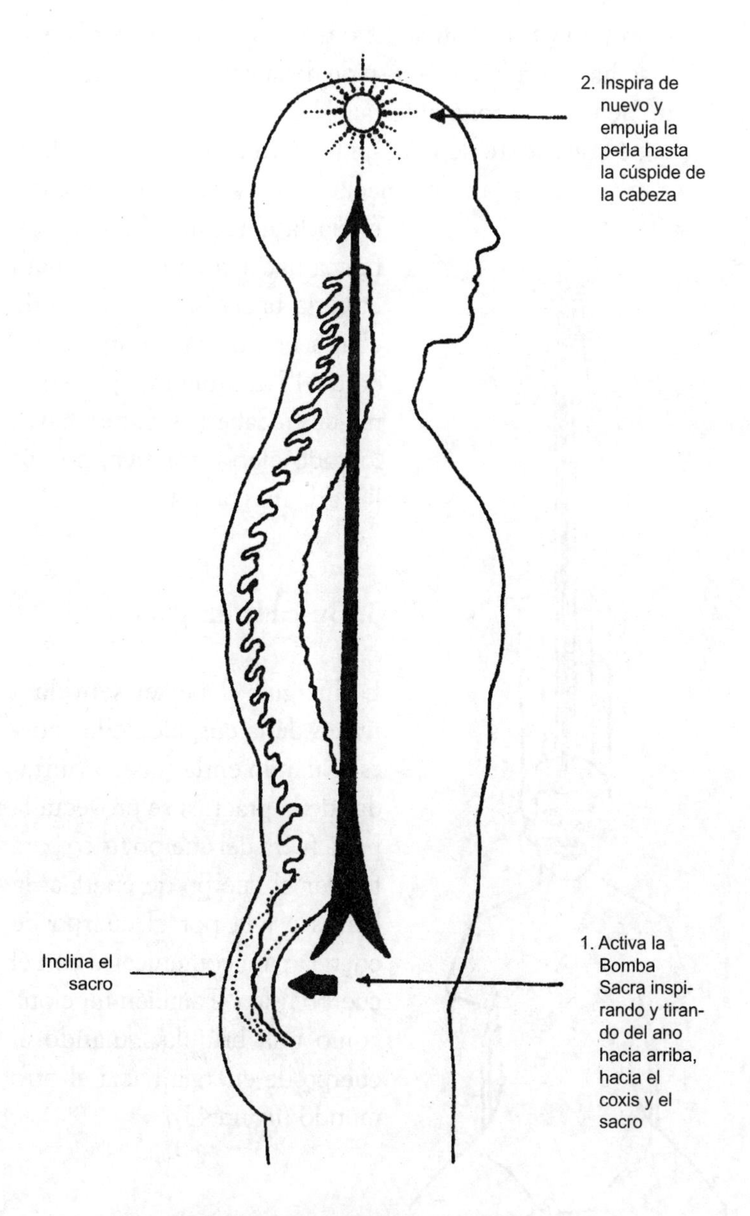

Figura 44. Activando la Bomba Sacra

c. Inspira y traga saliva. Esto te ayudará a empujar la perla hacia arriba, a la cúspide de la cabeza o corona.
d. Siente tu corona abierta.
e. Sé consciente de la cúspide de tu cabeza y de su abertura. Traga la saliva hacia arriba y siente el empujón hacia la coronilla. Exhala con fuerza hacia la corona y dispara la perla hacia fuera a través de ella, a una distancia aproximada de 15 centímetros por encima de tu cabeza. Cuando hayas logrado cierta práctica, podrás llevarla más arriba.

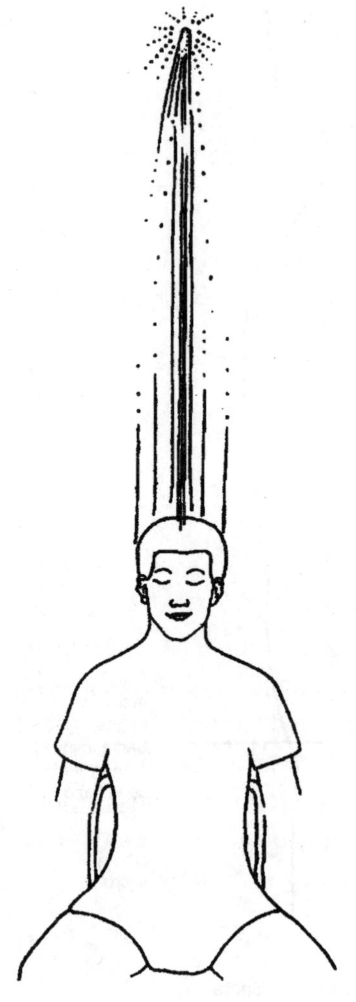

Figura 45. La luz guía

3. Busca la luz guía

La luz guía debe ser sentida a través de la cúspide de la cabeza. Cuando en las fases avanzadas de la práctica se proyecta la perla fuera del cuerpo físico para formar el cuerpo de energía, la luz es usada por el cuerpo de energía para comunicarse con el cuerpo físico. También funciona como una brújula, guiando al cuerpo de energía hacia el otro mundo (figura 45).

4. Lleva la perla sobre la corona

Los sentidos controlan ahora la perla sin contacto físico alguno. Comienza moviendo la perla arriba y abajo. Cuando ya poseas cierto control sobre ella, muévela también en otras direcciones.

5. Reactiva la Bomba Craneal. Lleva la perla de nuevo a la Órbita Microcósmica dentro del cuerpo físico

Inspira y reactiva la Bomba Craneal. Cuando la cúspide de la cabeza esté abierta, inspira y vuelve la perla de nuevo a la Órbita Microcósmica. Recoge la energía en el ombligo y llévala al caldero. Termina con el masaje Chi.

6. Fase avanzada

a. Control de la perla sobre el cuerpo físico

Mueve la perla hacia arriba en incrementos de unos 30 centímetros cada vez y practica cada nivel hasta lograr controlarla. Al final puedes elevarla a una altura semejante a la de tu cuerpo. En cada uno de los niveles, mueve primero la perla arriba y abajo, y luego experimenta en diferentes direcciones, derecha e izquierda, adelante y atrás. A continuación, muévela en espiral hacia la derecha y hacia la izquierda, rápido y lentamente, etc. Una vez lograda cierta habilidad en mover la perla dentro de un nivel, pasa al siguiente (figura 46).

Figura 46. Control de la perla sobre el cuerpo físico

7. Terminando la práctica

Puedes concluir tus ejercicios aquí o continuar con el siguiente. Si decides terminar ahora, condensa de nuevo la perla y activa la Bomba Craneal. Inspira, tira de la perla hacia dentro del cuerpo y hazla circular por la Órbita Microcósmica. Recoge la energía en el ombligo, llévala al caldero y termina con el masaje Chi.

D. Creación de los cuerpos Yin y Yang (el cuerpo de energía o cuerpo del alma y el cuerpo espiritual) para viajar por el espacio

1. El cuerpo de energía nace de la fuerza original

Al nuevo cuerpo Chi que vamos a crear en esta fórmula se le conoce como cuerpo de energía o cuerpo del alma, y permanecerá para siempre. La mayoría de las personas tienen miedo a la muerte, sin necesidad. Los taoístas opinan que la muerte es simplemente un cambio de residencia para el espíritu. El cuerpo físico vuelve al polvo del que salió, pero el Chi, el alma y el espíritu vienen de los planetas y de las estrellas y también de la Fuerza Original, el Wu Chi. Al separar el alma y el espíritu del cuerpo físico, estamos practicando la muerte y volviendo al Wu Chi. Al aprender cómo condensar y transferir esa energía y devolverla a los planetas, a las estrellas y a la Fuerza Original, podemos estar seguros de que nuestra energía seguirá formando parte del universo.

2. El cuerpo de energía es como un niño recién nacido

Durante el transcurso de varios miles de años desarrollando los cuerpos de energía y espirituales, los taoístas se dieron cuenta de que el proceso no puede acelerarse. Desarrollar los cuerpos del alma y del espíritu es como cuidar a un niño recién nacido. Necesita alimento y cuidados. A medida que crece debe ser educado y entrenado en todo su potencial. Y también ha de ser equipado adecuadamente para que pueda protegerse a sí mismo.

La primera fase en la creación del cuerpo de energía fue considerada por los taoístas como en cuerpo Yin o fase infantil. En esta fase infantil no se permite que el cuerpo de energía vague sin control, al igual que no permitiríamos a un niño pequeño arrastrarse por cualquier lugar sin supervisarlo debidamente.

3. La transformación del cuerpo Yin en un cuerpo Yang constituye el comienzo de la transferencia de conciencia

Con la práctica, el cuerpo Yin puede llegar a convertirse en un cuerpo Yang. Esa transformación en un cuerpo Yang se inicia con una transferencia de conciencia. El proceso comienza en la fórmula 5 de la Fusión I con la transferencia de la Órbita Microcósmica al cuerpo de energía o cuerpo del alma. Dicho proceso continúa luego en la Fusión II y en la Fusión III, donde las energías virtuosas de los órganos, el Canal del Cinturón, los Canales de Empuje y otros canales son pasados del cuerpo físico Yin al cuerpo de energía. Durante todo este proceso el alma adopta una cualidad Yang. Más adelante se formará un cuerpo espiritual que es también Yang, capaz de viajar por el espacio y de cuidarse a sí mismo.

4. Finalidad de viajar por el espacio

La principal finalidad de los ejercicios del Tao Curativo es permitirnos viajar a un plano de energía más elevado.

a. La energía que debe ser absorbida para desarrollar el cuerpo del alma y el cuerpo del espíritu no existe en el plano humano

b. Al viajar a un plano de energía más elevado, estaremos practicando nuestro retorno al Wu Chi, Fuente Original, de la que procedemos.
c. En el espacio, la combinación del cuerpo del alma y el cuerpo del espíritu que habremos desarrollado puede viajar muy rápido. Se cree que su velocidad es superior a la velocidad de la luz. Es posible que nos encontremos con las almas y los espíritus de personas que ya han abandonado sus vidas físicas.
d. Algunas personas viajan a otros tiempos, como a una época anterior a su nacimiento a esta vida terrestre. Esta habilidad les permite, igualmente, conocer el futuro.

   En el taoísmo, como en otros sistemas, los practicantes tratan de evitar todos los elementos que en el pasado, o en el futuro, afectarían a sus vidas terrestres. La finalidad perseguida es poder volver a su lugar de origen. Si, como en un viaje normal por la Tierra, nos detenemos continuamente a hablar con la gente, tardaremos mucho en llegar a nuestro destino, si es que llegamos alguna vez.

E. Cómo desarrollar el cuerpo de energía

1. Uso de la perla para crear el cuerpo de energía

a. El cuerpo de energía se crea a partir de la perla. Podemos utilizar la que ya hemos desarrollado, o bien crear una nueva perla practicando las fórmulas 1 a la 5.
b. Haz circular la perla por la Órbita Microcósmica.
c. Inspira, activa la Bomba Craneal y la Bomba Sacra y dispara la perla a través de la cúspide de tu cabeza, fuera

del cuerpo físico. Lleva la perla a una altura sobre ti semejante a la de tu cuerpo físico.

2. Creación del cuerpo de energía

a. Relaja los sentidos y la mente y utilízalos para expandir la perla (figura 47). Comienza dando a la perla una forma parecida a la de tu propio cuerpo o parecida a la que te gustaría que tu cuerpo tuviese. Inicialmente la sentirás como una masa de energía (figura 48). Utiliza tus sentidos como instrumentos de escultor a fin de dar forma a la cabeza, al cuerpo, a los brazos, a las manos y a las piernas (figura 49).
   Si prefieres una conceptualización religiosa, tal vez tu meta sea formar una imagen de Dios, o quizás del fundador de tu religión, como Buda. Los taoístas creen que todos los seres humanos están hechos a la imagen de Dios, pues todos procedemos de la misma Fuerza Original.
b. Cuando creas que el cuerpo tiene ya la forma adecuada, usa de nuevo tus sentidos para esculpir la cara.

   1. Para formar los ojos, céntrate en los ojos del cuerpo físico. Cuando sientas una fuerte conciencia de ellos, condensa su esencia en una esfera. Activa la cúspide de la cabeza y exhala esa esfera al lugar de la cara del cuerpo de energía donde deben ir los ojos. Siente y afirma que los ojos del cuerpo de energía han sido ya formados (figura 50).
   2. Toma conciencia de los oídos. Cuando sientas que la esencia de tu sentido físico del oído ha sido ya

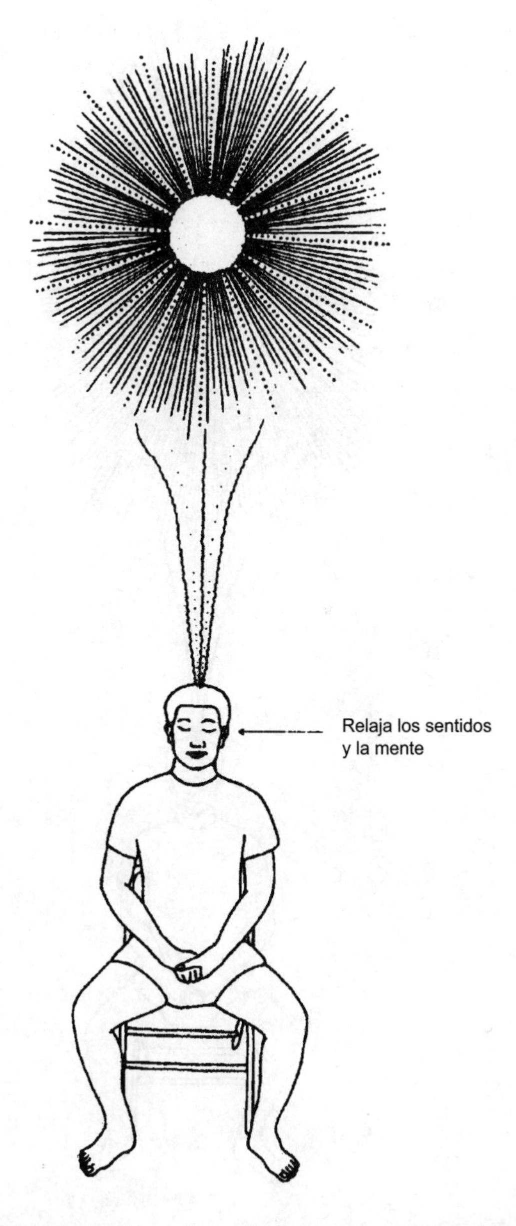

Figura 47. Relaja los sentidos y la mente. Deja que la perla se expanda

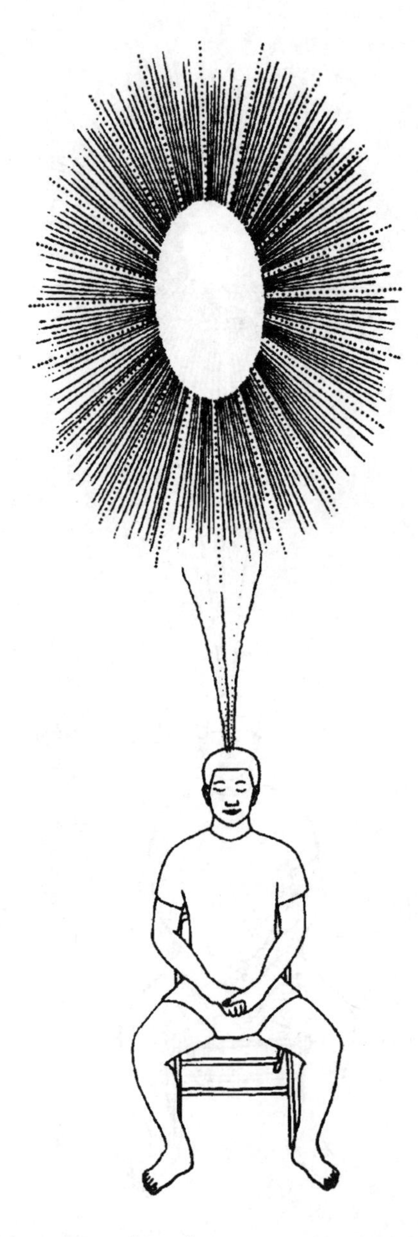

Figura 48. La perla puede sentirse como una gran masa de energía

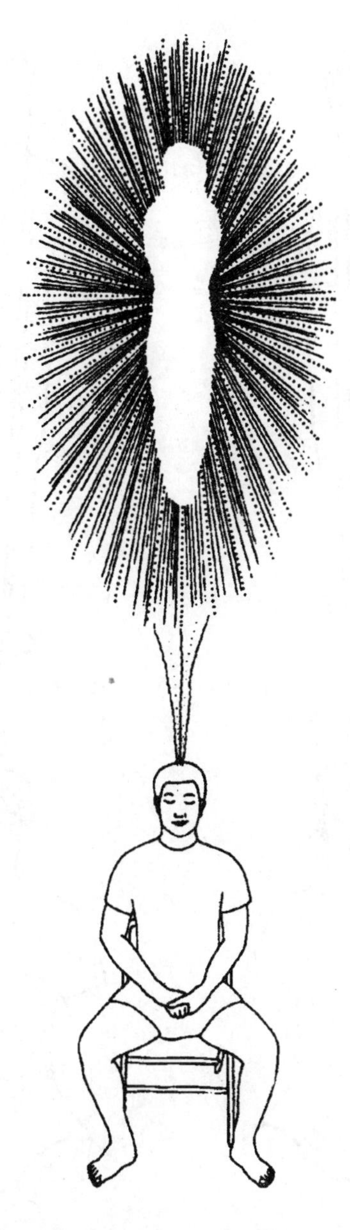

Figura 49. Continúa expandiendo la perla para formar el cuerpo de energía

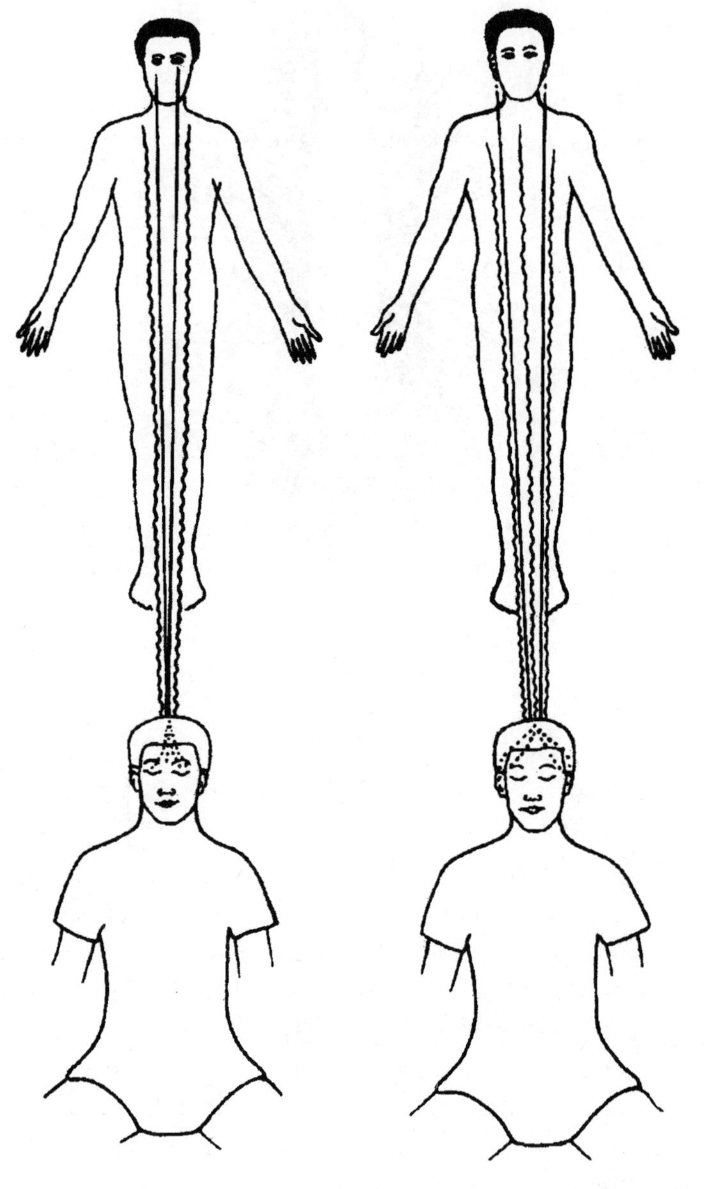

Figura 50. Formando el cuerpo de energía

Figura 51. Formando el cuerpo de energía

transferida a la esfera de energía, llévala al cuerpo de energía y forma allí los oídos (figura 51).

3. Toma conciencia de la nariz y, del mismo modo, transfiérela al cuerpo de energía (figura 52).
4. Sé consciente de la boca, y transfiérela de igual modo al cuerpo de energía (figura 53).
5. Toma conciencia de la lengua, y transfiérela también al cuerpo de energía.

c. Ahora puedes ya formar y moldear los sentidos del cuerpo de energía del modo que más te guste. Puedes hacer que la nariz sea más corta o más larga, los ojos más grandes o más pequeños y la boca mayor o menor.
d. Copia el caldero del cuerpo físico al cuerpo de energía, concentrándote en él. Cuando sientas que la energía está ya muy condensada, dispáralo al cuerpo de energía a través del perineo.
e. Ahora puedes darle a tu cuerpo de energía el sexo que prefieras.
f. Cuando creas que el cuerpo de energía está ya totalmente formado y completo, podrás darle un nombre interno que quedará asociado con él para el futuro. En la práctica más avanzada bastará con que llames al cuerpo de energía por su nombre para que todo el proceso ocurra de manera instantánea. Es conveniente no comunicar a nadie el nombre de nuestro cuerpo de energía a fin de que seamos nosotros los únicos que lo podamos activar, evitando que personas con malas intenciones pudieran hacer uso de él, robándonos energía o dando al alma instrucciones malignas. Si esto llegase a ocurrir, sería necesario cambiar el nombre a nuestro cuerpo de energía.

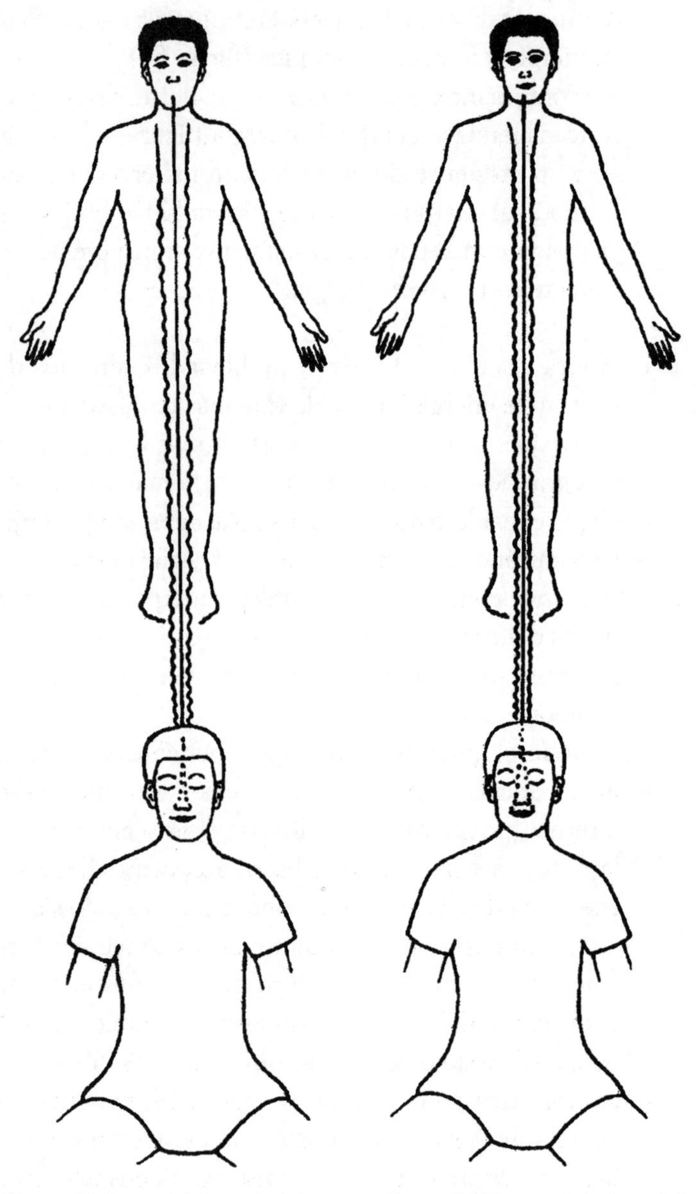

Figura 52. Formando la nariz del cuerpo de energía

Figura 53. Formando la boca del cuerpo de energía

g. Además de asociar el cuerpo de energía con un nombre interno, lo puedes también asociar a una voz interior o voces interiores. La voz interior (o voces) te puede aconsejar a tomar decisiones. Cuanto más escuches a estas voces, más claras se oirán. A medida que nuestra energía virtuosa aumente, las voces se oirán más fuertes y distintas. Ellas te podrán ayudar a elegir entre lo bueno y lo malo, a escoger a tus amigos, etc.

3. Transferencia de la Órbita Microcósmica al cuerpo de energía

El cuerpo de energía es un cuerpo Chi que no presenta ningún tipo de resistencia; por eso es muy fácil abrir en él la Órbita Microcósmica. La creación del cuerpo de energía y la transferencia a él de la Órbita Microcósmica es la primera experiencia de transferencia de conciencia que vas a experimentar en estas prácticas.

Cada día que trabajes en esta fase de la Fusión, estarás transfiriendo un mayor grado de conciencia a tu cuerpo de energía. En este momento, el cuerpo de energía es simplemente una proyección de tu mente y de tu cuerpo físico. En niveles más elevados de la práctica, el cuerpo de energía se cristalizará en un cuerpo espiritual permanente.

a. Crea otra perla en el caldero y haz que circule por la Órbita Microcósmica del cuerpo físico.
b. Inspira, activa las Bombas Craneal y Sacra, activa la luz guía y llévala hasta el perineo del cuerpo de energía. Dispara tu perla a través de la cúspide de la cabeza del cuerpo físico y hazla entrar en el cuerpo de energía a través del perineo.

c. Utiliza los sentidos para mover la perla hasta el sacro del cuerpo de energía. Detente durante un momento y siéntela en el sacro de tu cuerpo de energía. Luego llévala a la Puerta de la Vida, al T-11, al C-7, a la base de la cabeza y a la coronilla, al Tercer Ojo, a la lengua, a la garganta, al corazón, al plexo solar, al ombligo, al centro sexual y al perineo, completando así la Órbita Microcósmica del cuerpo de energía. Otro modo de transferir la Órbita Microcósmica es, simplemente, copiándola del cuerpo físico al cuerpo de energía (figura 54).

4. Formación de un escudo protector alrededor del cuerpo de energía

a. Forma otra perla en el cuerpo físico y hazla circular por la Órbita Microcósmica del cuerpo físico hasta alcanzar cierta velocidad. Cuando la perla vaya llegando al perineo del cuerpo físico, comienza a moverla hacia arriba, dentro del propio cuerpo físico, del siguiente modo:

1. Inspira y activa la Bomba Craneal. Contrae el perineo, el ano y la parte posterior del ano. Tira de la perla hacia el sacro, hacia la Puerta de la vida, el T-11, el C-7, la base del cráneo y la parte trasera de la cúspide de la cabeza, como a unos cuatro centímetros detrás de la corona. Mantenla allí.
2. Siente las pulsaciones en la parte trasera de la corona, exhala y dispara la perla hacia fuera. Con ella, forma una burbuja que cubra la totalidad del cuerpo de energía.

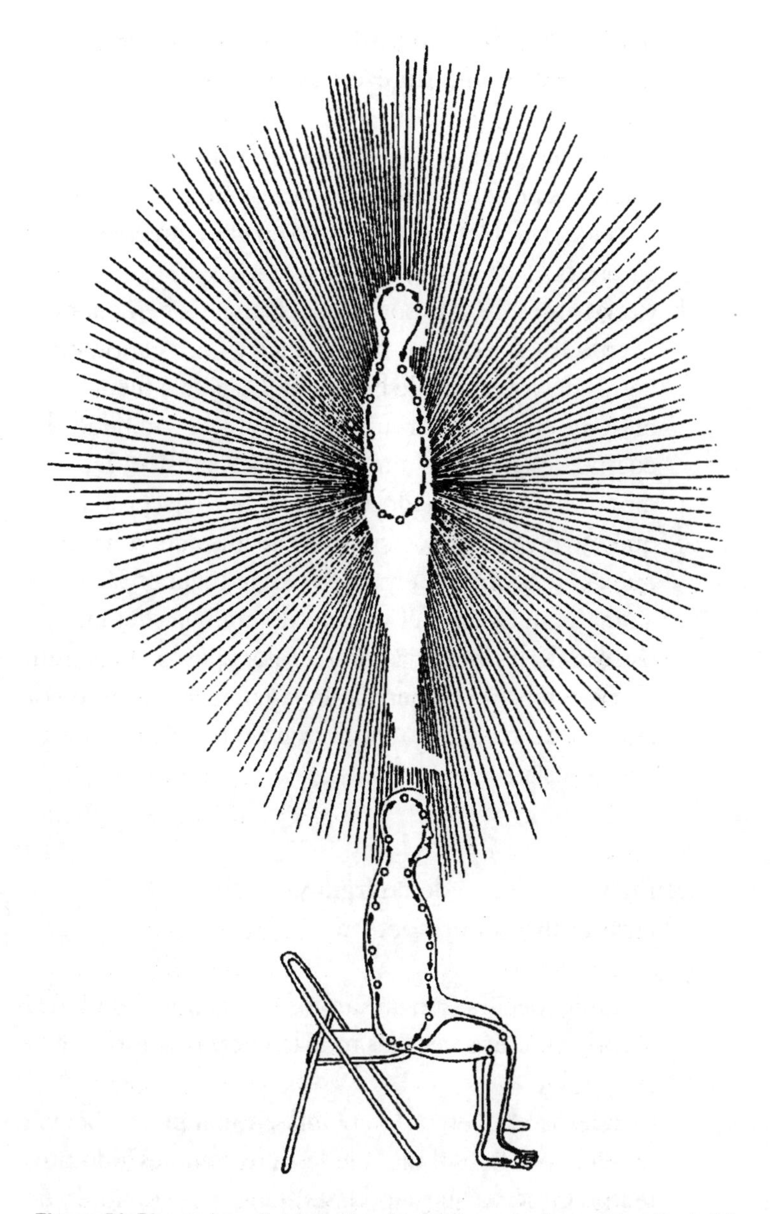

Figura 54. Dispara la perla hasta el perineo del cuerpo de energía a fin de iniciar su Órbita Microcósmica. Haz que circulen ambas Órbitas Microcosmicas

5. Formación de una gran burbuja que envuelva a ambos cuerpos como un escudo protector

a. Forma otra perla más. Hazla circular por la Órbita Microcósmica del cuerpo físico hasta que alcance cierta velocidad. Detenla de nuevo en el perineo del cuerpo físico.
b. Como antes, llévala por todo el Canal Gobernador del cuerpo físico hasta un punto unos cuatro centímetros detrás de la cúspide de la cabeza. Dispárala fuera y forma con ella una burbuja que cubra la totalidad del cuerpo de energía y también el cuerpo físico. De este modo, habrás formado una gran burbuja protectora que envolverá ambos cuerpos, además de la anterior que cubre todo el cuerpo de energía (figura 55).
c. Toma conciencia del cuerpo de energía, del cuerpo físico y de las burbujas protectoras que los recubren. Toma también conciencia de la energía existente por encima de tu cuerpo de energía y por debajo de tu cuerpo físico.

6. Retirada del cuerpo de energía y de la gran burbuja protectora

a. Cuando decidas terminar los ejercicios, comienza absorbiendo una vez más toda la Fuerza Celeste que te sea posible.
b. Condensa el cuerpo de energía en una perla, todavía rodeada por la burbuja que le sirve como escudo protector. Observa que la perla es ahora más brillante y de un tamaño un poco mayor.

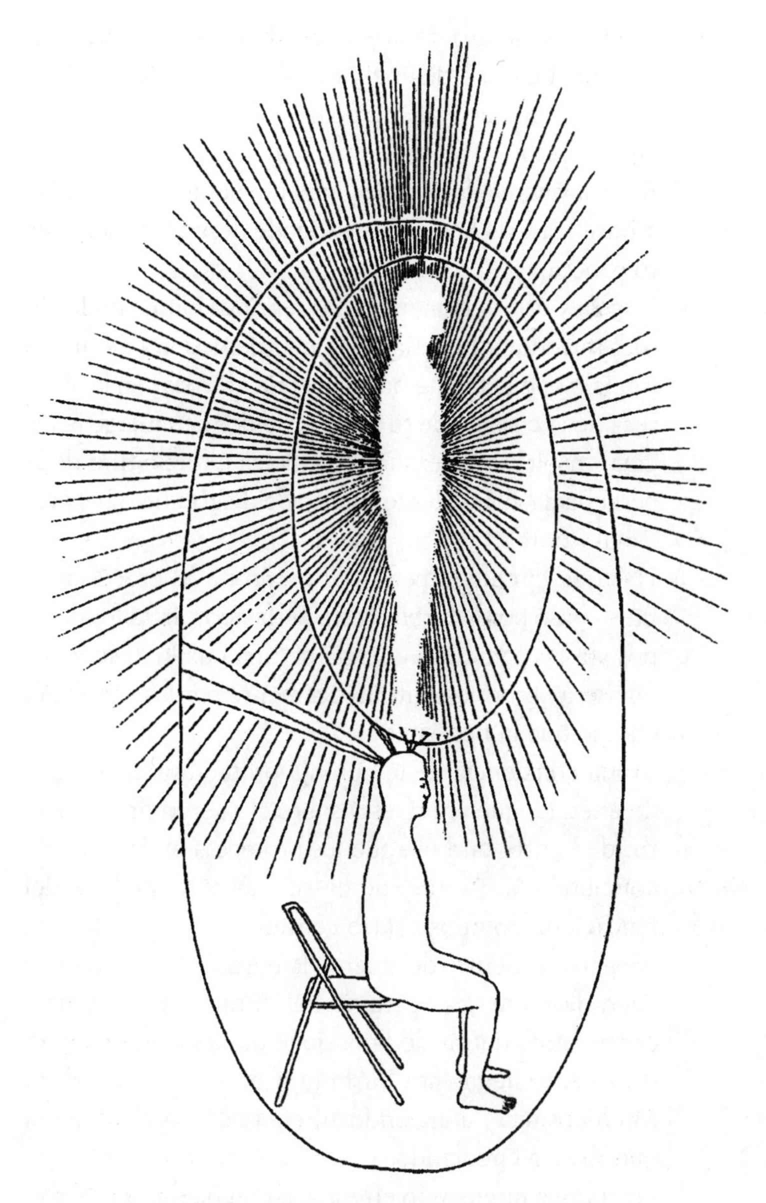

Figura 55. Formación del cuerpo de energía, de su escudo protector y de la gran burbuja que los envuelve a ambos

c. Toma conciencia de la gran burbuja que sigue protegiendo al cuerpo de energía y al cuerpo físico, y de la otra que envuelve al cuerpo de energía como un escudo protector.
d. Inspira y activa la Bomba Craneal. Siente la pulsación. Siente cómo la luz guía se extiende desde la cúspide de tu cabeza.
e. Inspira y utiliza la mente y los sentidos para, con lentitud, introducir la perla en tu cuerpo. Inspira de nuevo y guíala con la mente hasta hacerla aterrizar en la abertura de la cúspide de tu cabeza, de donde emerge la luz guía. Inspira una vez más con fuerza a fin de tirar de la perla hacia abajo, desde la cúspide de la cabeza hacia el canal frontal.
f. Haz que circule la perla por la Órbita Microcósmica. En su paso por la Órbita, esta perla aportará a los órganos y a las glándulas energía de una cualidad superior que será absorbida automáticamente por las partes del cuerpo que la necesiten.
g. Toma conciencia de la burbuja protectora del cuerpo de energía, que ahora está sobre el cuerpo físico, dentro de la otra burbuja que los protege a ambos. Toma conciencia de la cúspide de tu cabeza y también del punto situado unos cuatro centímetros detrás. Inspira y reabsorbe dentro del cuerpo la burbuja protectora del cuerpo de energía, a través del punto situado cuatro centímetros detrás de la cúspide de la cabeza. Inspira otra vez y lleva esta burbuja a través de la Órbita Microcósmica, añadiendo su energía a la de la perla que ya está circulando.

   La energía circulando en estos momentos por la Órbita Microcósmica es la del cuerpo de energía, combinada con la de la burbuja protectora. La gran burbuja que

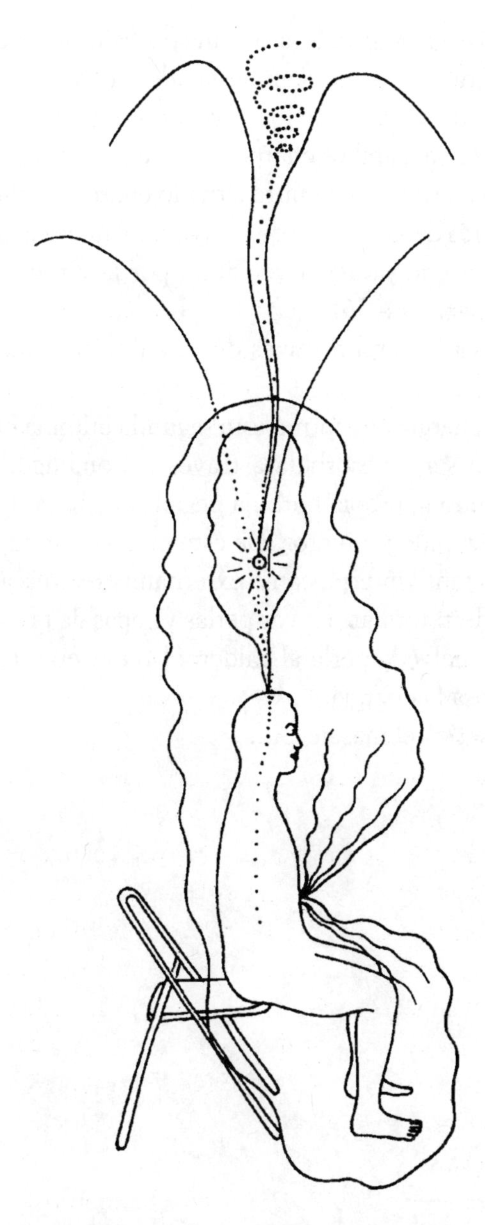

Figura 56. Reabsorbiendo las burbujas protectoras a través de la cúspide de la cabeza y a través del ombligo

envolvía y protegía al cuerpo físico y al cuerpo de energía sigue fuera, protegiendo ahora al cuerpo físico.

h. Comienza lentamente a recoger la gran burbuja que protegía a ambos cuerpos, condensándola y absorbiéndola a través del punto situado cuatro centímetros por detrás de la cúspide de la cabeza. Añade su energía a la perla que ya está circulando por la Órbita Microcósmica (figura 56).
i. Lleva la perla a través del canal frontal hasta el ombligo.
j. La energía que formó esta segunda burbuja puede también ser reabsorbida a través del ombligo, permaneciendo la propia burbuja pegada al cuerpo físico como un escudo protector. De este modo estaremos protegidos tanto interna como externamente. Más adelante se podrán formar nuevas perlas y capas de protección.
k. Devuelve la perla al caldero. Mueve en espiral y condensa la energía.
l. Practica el masaje Chi.

Segunda parte
PRÁCTICAS AVANZADAS DE LA FUSIÓN I

Fórmulas 6 a la 9

Las fórmulas de la segunda parte describen la energía en imágenes, imágenes que se utilizarán para potenciar, fortalecer y proteger las energías de los órganos, mientras creamos una perla más potente y formamos un cuerpo de energía más fuerte.

Los taoístas consideran que, al igual que el agua, la energía carece de forma. Pero si no damos una forma a la energía, es muy difícil captar su fuerza. Del mismo modo que el agua toma la forma de la jarra o vasija que la contiene, la energía puede adoptar la forma del recipiente en el cual se la sitúa. Las cualidades del agua permanecen invariables cualquiera que sea la forma del vaso en que la depositemos; sin embargo, el hecho de estar contenida en un vaso facilita su utilización. Podemos transportarla y verterla sobre un lugar determinado, estableciendo así una conexión entre el agua y dicho lugar. Del mismo modo, al dar una forma a la energía conservando su pureza, establecemos conexiones que nos facilitarán luego su utilización.

Tomemos, por ejemplo, las estatuas religiosas de dioses y santos. Son imágenes que representan y dan forma a un poder superior, para que sirvan de ayuda a los devotos y puedan éstos formarse una imagen y establecer una conexión entre ellos mismos y ese poder más elevado. Cuando la mente del individuo se ha formado una imagen más comprensible de dicho poder, la persona se podrá conectar mucho más fácilmente con su energía positiva. Éste es el secreto del poder de la visualización existente detrás de todas las religiones, ya se trate de la imagen de Jesús, de la Virgen María y el Niño, de Buda, de la geometría sagrada del islam, o de los numerosos dioses y diosas del hinduismo, de los griegos, de los romanos o de los antiguos egipcios.

Fórmula 6

Formación de los niños y niñas vírgenes y de su descendencia animal, a fin de conectar las Fuerzas Universal, de las Partículas Cósmicas y de la Tierra

A. Uso de las imágenes de los niños y de los animales para dar forma a la energía pura

Es deseable establecer una conexión con la utilidad y la positividad de la energía, y para ello resultan muy útiles las imágenes establecidas por los antiguos taoístas. Al igual que una copa o una vasija se convierten en un contenedor para el agua, y del mismo modo que las estatuas religiosas, las estructuras y los vasos de madera, piedra, oro o plata contienen cierto poder o cierta fuerza, las imágenes taoístas de los niños y los animales contienen a su vez cierta energía, independientemente de la forma o del material del que esté formado el contenedor. Ninguno es mejor que otro. Todos albergan la misma energía.

Las imágenes taoístas de los inocentes niños y niñas vírgenes, asociadas con una emoción, suelen ser fácilmente aceptadas por la mayoría de las personas, probablemente porque casi todos hemos experimentado la inocencia de la infancia y de la juventud.

Las asociaciones taoístas animales pueden parecer más extrañas, ya que en nuestros días suele ser más usual efectuar asociaciones con animales domésticos —gatos, perros o pájaros—. Además, los distintos países tienden a asociarse a sí mismos con animales diferentes. Más adelante detallo las asociaciones utilizadas por los antiguos taoístas. En lugar de ellos, puedes elegir diferentes animales o imágenes distintas tales como un rubí para el corazón, una esmeralda para el hígado, etc.

Normalmente solemos prestar más atención a los problemas de los demás que a los nuestros. Cuando un niño, animal o persona enferma, necesitan cuidados, y lo mismo sucede cuando sienten depresión, miedo o ira. Se los debe atender hasta que sanen o se sobrepongan a sus emociones negativas.

Toma conciencia de los niños vírgenes y de los animales, y mantenlos en buen estado anímico y de salud; de este modo estarás, al mismo tiempo, cuidando a tu ser interno.

B. FORMACIÓN DE LOS NIÑOS O NIÑAS VÍRGENES Y DE SU DESCENDENCIA EN FORMA DE ANIMALES

1. La energía pura de los riñones produce al niño virgen azul y al ciervo

a. Lleva tu atención a los riñones y a su punto de recogida. Siente si los riñones están limpios de emociones negativas. Esto te será indicado por una luz brillante de color azul o una poderosa sensación de calma y dulzura. Lleva con un movimiento espiral la esencia de los riñones a su punto de recogida, hasta que éste brille con una luz azul y se intensifique tu sensación de dulzura y paz.

b. Cuando la luz azul y la sensación de dulzura lleguen a su punto culminante, forma con la luz azul la imagen de un niño o niña virgen vestido del mismo color. Esta imagen representará la más pura forma de dulzura. Haz que el niño o niña exhale un aliento azulado. Cuando se haya acumulado suficiente cantidad de dicho aliento, ve cómo se transforma en un ciervo azul con cuernos.

El ciervo representa la energía más pura y refinada de la virtud de la dulzura. Constituye la más pura esencia y conciencia de los riñones, y puede ser transformado para crear los cuerpos del alma y del espíritu, y también puede ser utilizado por dichos cuerpos.

Establece una poderosa relación con el niño virgen y con el ciervo y así, en cualquier momento, podrás recuperar la sensación de calma y dulzura en tu interior (figura 57).

2. La esencia del corazón produce al niño virgen rojo y al faisán

a. Toma conciencia del corazón y de su punto de recogida. Imagina el punto de recogida del corazón iluminado con una luz roja y brillante, y siente una poderosa sensación de alegría y amor, virtudes ambas del corazón.

b. En el momento en que color y sensación alcancen la máxima intensidad, forma con la brillante luz roja la imagen de un niño o niña vestido de ese mismo color. Ve que el niño o niña exhala un aliento rojo que es un

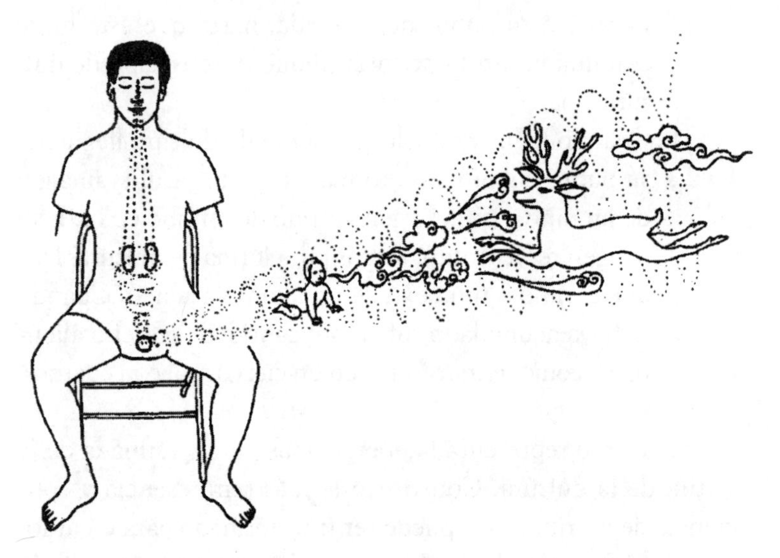

Figura 57. Niño virgen y ciervo de color azul, de los riñones

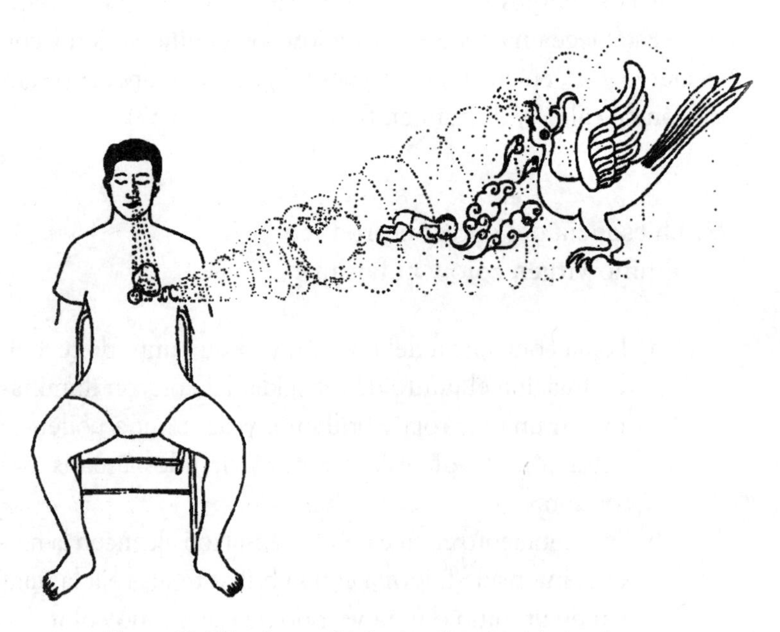

Figura 58. Niño virgen y faisán de color rojo, del corazón

sentimiento de amor, alegría y felicidad. Con ese aliento rojo forma la imagen de un faisán.

Establece una poderosa conexión con el niño y el faisán y, de este modo, en cualquier momento podrás recuperar en tu interior la sensación de amor, alegría y felicidad (figura 58).

3. La energía pura del hígado produce al niño virgen verde y al dragón

a. Concéntrate en el hígado y en su punto de recogida hasta llegar a imaginarte dicho punto iluminado por una luz verde, y siente una desbordante sensación de amabilidad.
b. Cuando color y sensación alcancen su máxima intensidad, forma con ellos un niño o niña virgen vestido de verde. Con el verde aliento del niño forma la imagen de un dragón verde.

Establece una conexión poderosa con ellos y así, instantáneamente, en cualquier momento podrás restablecer en tu interior esa sensación de amabilidad (figura 59).

4. La esencia de los pulmones produce al niño virgen blanco y al tigre

a. Toma conciencia de los pulmones y de su punto de recogida. Haz brillar dicho punto con una luz blanca centelleante o metálica y sientas la poderosa virtud del ánimo.

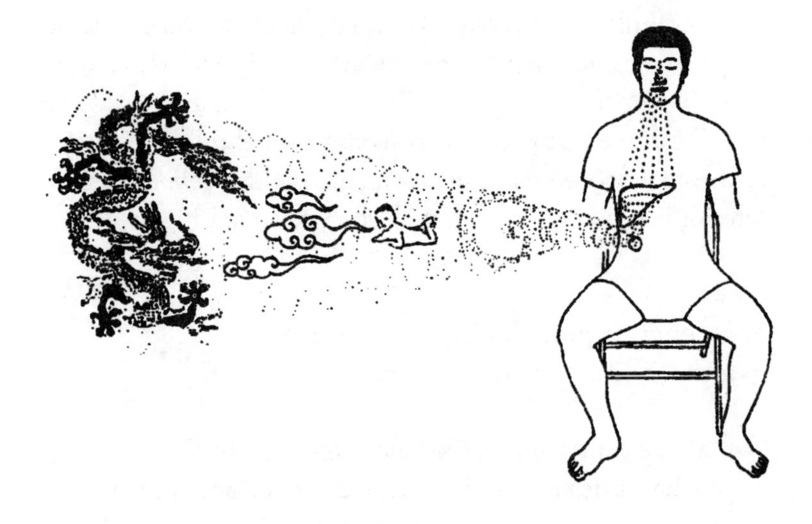

Figura 59. Niño virgen y dragón de color verde, del hígado

Figura 60. Niño virgen blanco y tigre, de los pulmones

b. Cuando la visión del color y la sensación de ánimo estén en su punto más alto, forma la imagen de un niño o niña virgen vestido de blanco. Imagina que de tu aliento, también blanco, se forma la figura de un tigre de este mismo color.

Establece una fuerte conexión entre ellos y, de este modo, siempre que lo desees podrás restablecer en tu interior esa poderosa sensación de ánimo (figura 60).

5. La energía pura del bazo produce al niño virgen amarillo y al ave fénix

a. Concéntrate en tu bazo y en el punto de recogida de dicho órgano, situado en el pakua frontal. Ve como tanto el bazo como el pakua frontal se iluminan con una luz amarilla y brillante, al tiempo que te ves inundado por fuertes sentimientos de justicia y franqueza.
b. Cuando tanto el color amarillo como los citados sentimientos se hallen en su punto más alto, transforma el amarillo en un niño o niña virgen vestido de ese mismo color. El aliento del niño es también amarillo y de él surgirá el ave fénix.

Establece una fuerte conexión entre ellos y así, en el momento en que lo desees, podrás restablecer esas sensaciones de justicia y franqueza en tu interior (figura 61).

Cuanto más brillantes sean los colores, más pura será la virtud que representan, y mejor la salud del órgano en cuestión.

Figura 61. Niño virgen amarillo y ave fénix, procedentes del bazo

C. UTILIZA EL NIÑO O NIÑA VIRGEN Y LOS ANIMALES PARA FORMAR ANILLOS PROTECTORES EN EL INTERIOR DEL CUERPO

Comenzando en el punto de recogida del hígado con el niño virgen y el dragón verde, inicia un círculo hasta llegar al niño virgen rojo y el faisán, del punto de recogida del corazón. Luego sigue hacia abajo a través del niño virgen y el tigre blanco del punto de recogida del corazón para terminar con el niño virgen y el ciervo azul del punto de recogida de los riñones. El niño virgen y el fénix amarillo están situados en el pakua central, que constituye el centro del círculo formado por los restantes cuatro puntos.

Estos «animales de poder» forman un círculo protector externo, alrededor de tus órganos (figura 62). El círculo protector interno está formado por los niños vírgenes que son una cristalización de las energías virtuosas.

Tal vez prefieras crear diferentes «animales de poder» para que te protejan. Para ello, al meditar sobre cada uno de los diferentes órganos, deberás simplemente preguntar: «¿Hay algún animal que quiera defender mi energía acuosa (de los riñones, etc.)? Si no aparece ningún animal, puedes preguntar por un «cristal de poder», o por un «guerrero poderoso» que pueda ayudarte en tu trabajo espiritual.

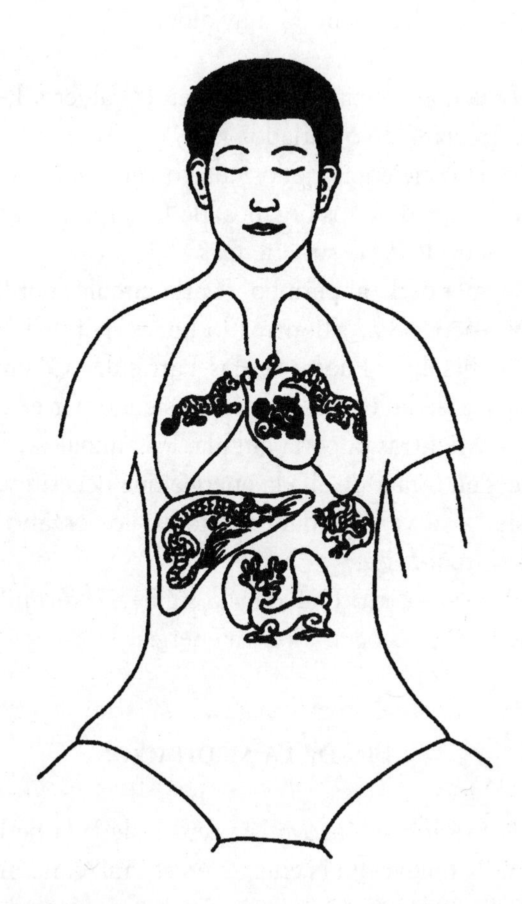

Figura 62. Anillo protector formado por los animales terrestres

D. LA PERLA NOS CONECTA CON LAS FUERZAS UNIVERSAL, DE LAS PARTÍCULAS CÓSMICAS Y DE LA TIERRA, SUMINISTRANDO LA ENERGÍA QUE NECESITAN LOS NIÑOS Y LOS ANIMALES

La perla constituye el centro de todos los niños y los animales. Si la perla disminuye o desaparece, la formación de los niños y los animales resultará muy difícil.

a. Toma conciencia de la perla en el caldero. Percibe su brillo plateado o perlado.
b. Toma conciencia de los cuatro pakuas, de los puntos de recogida de los órganos, de los propios órganos, de los sentidos y de sus energías.
c. Lleva la perla al perineo y hazla circular por la Órbita Microcósmica. Mientras lo haces, percibe la Fuerza Universal, la Fuerza de las Partículas Cósmicas y la Fuerza de la Tierra, que están siendo por ella asimiladas. Mientras la perla circula, los animales y los niños pueden tomar de ella la energía que necesiten, energía que, a su vez, ayudará a reforzar los órganos física y espiritualmente.
d. Si deseas continuar con la siguiente fórmula, no es necesario recoger ahora la energía.

E. FIN DE LA MEDITACIÓN

1. Para terminar, recoge la energía, lleva la perla al caldero y mueve allí la energía en espiral, condensándola.
2. Toma conciencia de los animales y absórbelos en los niños a los que pertenecen: el ciervo con el niño azul,

el faisán con el niño rojo, el dragón con el niño verde, el tigre con el niño blanco y el fénix con el niño amarillo.

3. Toma conciencia de los órganos y de los niños correspondientes a cada uno de ellos: el niño azul con los riñones, el rojo con el corazón, el verde con el hígado, el blanco con los pulmones y el amarillo con el bazo. Seguidamente absorbe cada niño en su órgano correspondiente, sintiendo cómo cada órgano se ilumina con una brillante luz. Esa luz demuestra la radiante salud del órgano en cuestión, y su ahora poderosa energía.
4. Practica el masaje Chi.

Fórmula 7 | Atracción de la Fuerza de la Tierra para refuerzo y protección

Una vez la energía impura (energía emocional negativa) haya sido limpiada de los órganos y de sus puntos de recogida, éstos brillarán con una nueva luz, que se proyectará hacia fuera atrayendo la Fuerza de la Tierra. Cuando percibamos claramente esa Fuerza de la Tierra y seamos capaces de efectuar una intensa visualización de los tradicionales animales taoístas, dichas imágenes servirán de recipiente, facilitando la captación y la retención de la Fuerza de la Tierra, sobre todo cuando nuestra práctica haya alcanzado un nivel aceptable. Repito, en lugar de los animales de la tradición taoísta, puedes elegir un anillo de flores de magníficos colores o un anillo de árboles enormes, como tus guardianes de la Fuerza de la Tierra.

A. LA ENERGÍA PURA DE LOS RIÑONES ATRAE A LA FUERZA DE LA TIERRA EN LA IMAGEN DE UNA GRAN TORTUGA AZUL O NEGRA

1. Siéntate mirando hacia el sur.
2. Toma conciencia de tus riñones y de su punto de recogida, al tiempo que ambos se iluminan con una brillante luz azul.
3. Siente al niño virgen y al ciervo. Cuando los captes con bastante intensidad, imprime un movimiento en espiral al punto de recogida de los riñones; luego exhala a través de dicho punto. Utiliza la mente y el poder de los sentidos para proyectar una fuerte ola de dulzura hacia el frente, que ahora será el sur.

   Las fuerzas elementales son omnipresentes. Esto quiere decir que los Cinco Elementos de la Fuerza de la Tierra existen en cualquier punto del planeta. Por eso, es posible proyectar la fuerza en cualquier dirección, aunque al principio hallarás más fácil su proyección hacia el frente. (Las ilustraciones 63 a la 67 muestran cómo proyectar la fuerza hacia el frente.) Cuando se tenga la práctica suficiente se podrá proyectar la fuerza en cualquier dirección concreta, relacionada con la fuerza que deseemos atraer. Por ejemplo, la fuerza de la dulzura puede proyectarse hacia atrás, en dirección norte.

   Es muy importante recordar siempre que cualquiera que sea la fuerza que proyectemos fuera del cuerpo, esa misma cualidad de fuerza será la que vamos a atraer, independientemente de la dirección utilizada. Al igual que cuando en la pesca con caña lanzamos el anzuelo con su carnada, el éxito dependerá en gran parte del tamaño de la carnada y de nuestra fuerza al lanzarla hacia el agua.
4. Cuanta más fuerza proyectemos, mayor será la cantidad de fuerza acuosa que vamos a atraer.

5. Es posible sentir dicha fuerza. Quienes sean más visuales la captarán como una tonalidad azul brillante. Otros sentirán en sí mismos la calma y la dulzura de la fuerza del agua.
6. La tortuga es la Fuerza Terrestre del Norte. Cuando sientas ya con gran intensidad la Fuerza de la Tierra, visualiza la forma de una gran tortuga (también conocida como el Guerrero Negro). Sitúala en tu espalda (o norte) para que te proteja (figura 63).

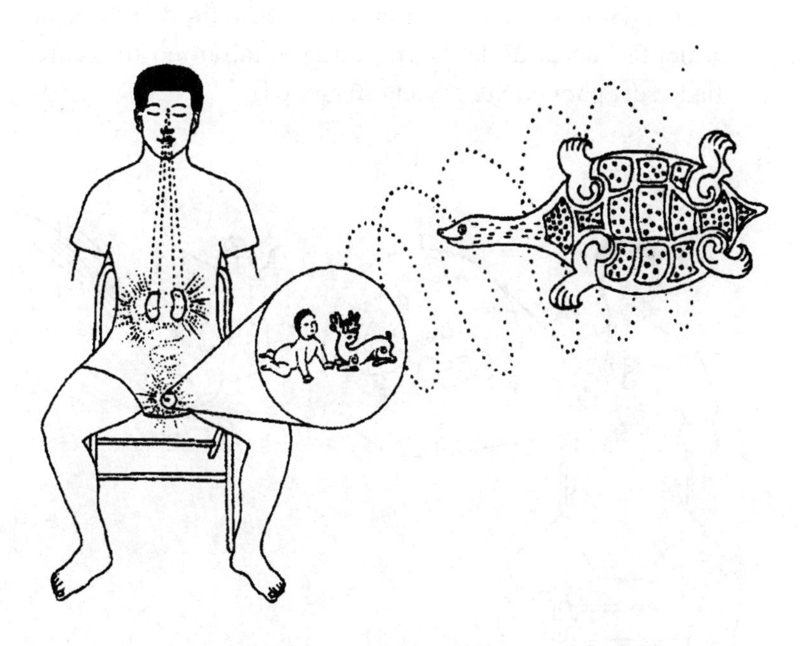

Figura 63. Los riñones proyectándose hacia el frente atraen a la tortuga, Fuerza Terrestre del Norte

B. LA ENERGÍA PURA DEL CORAZÓN ATRAE A LA FUERZA DE LA TIERRA EN FORMA DE UN FAISÁN ROJO

1. Continúa sentado mirando hacia el sur.
2. Toma conciencia del corazón y de su punto de recogida.

3. Siente cómo los órganos se iluminan con una luz roja, hasta llegar a percibir claramente al niño virgen y al faisán.
4. Mueve la fuerza en espiral sobre el corazón y también sobre su punto de recogida. Proyecta su fuerza fuera del cuerpo, hacia el frente o hacia el sur, a fin de atraer la ardiente fuerza del elemento fuego de la Tierra.
5. El faisán es la Fuerza Terrestre del Sur. Cuando sientas el color rojo brillante o percibas muy intensamente el amor y la energía de la alegría, forma un faisán a fin de captar la ardiente Fuerza de la Tierra. Sitúa el faisán en tu frente (lado sur) para que te proteja (figura 64).

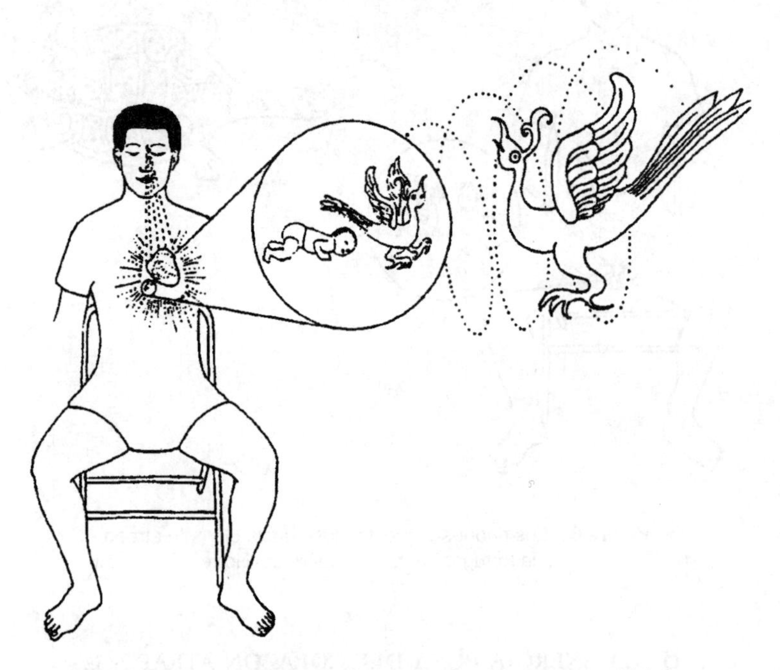

Figura 64. El corazón proyectándose hacia el frente atrae al faisán, Fuerza Terrestre del Sur

C. La energía pura del hígado atrae a la Fuerza de la Tierra en forma de un dragón verde

1. Continúa sentado mirando hacia el sur. Sé consciente del hígado y de su punto de recogida.
2. Siente al órgano iluminado con una luz verde, hasta llegar a percibir claramente al niño virgen y al dragón verde.
3. Mueve la fuerza en espiral sobre el punto de recogida del hígado. Cuando la sientas con mucha intensidad, proyéctala fuera del cuerpo, hacia el frente, a fin de atraer la fuerza del elemento madera de la Tierra. (Si puedes, proyéctala hacia el lado izquierdo del cuerpo, hacia el este.)
4. Cuando sientas esa fuerza verde o captes una gran sensación de amabilidad, forma un dragón verde, a fin de retener la fuerza del elemento madera de la Tierra. Lleva el dragón hacia el este, o lado izquierdo, para que te proteja (figura 65).

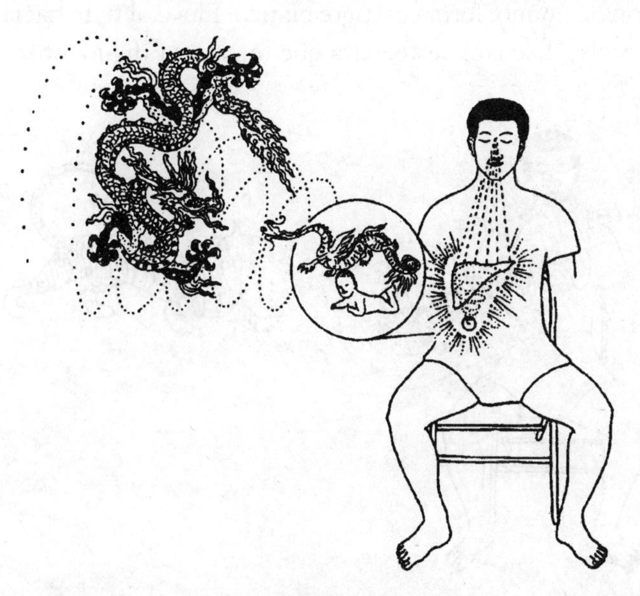

Figura 65. La proyección del hígado hacia el frente atrae al dragón, Fuerza Terrestre del Este

D. LA ENERGÍA PURA DE LOS PULMONES ATRAE A LA FUERZA DE LA TIERRA EN LA IMAGEN DE UN TIGRE BLANCO

1. Continúa sentado mirando hacia el sur. Toma conciencia de los pulmones y de su punto de recogida.
2. Siente al órgano iluminado con una luz blanca, hasta percibir claramente al niño virgen y al tigre blanco.
3. Mueve la fuerza en espiral sobre los pulmones y sobre su punto de recogida. Cuando sientas intensificarse la energía en el punto de recogida, proyéctala fuera de tu cuerpo, hacia el frente (sur) a fin de atraer la fuerza del elemento metal de la Tierra. (Si eres capaz de hacerlo, proyecta la fuerza hacia el oeste, o lado derecho de tu cuerpo.)
4. Cuando sientas poderosamente la fuerza blanca de la energía metálica de la Tierra, o percibas una intensa sensación de ánimo, forma un tigre blanco. Lleva al tigre hacia tu derecha, hacia el oeste, para que te proteja (figura 66).

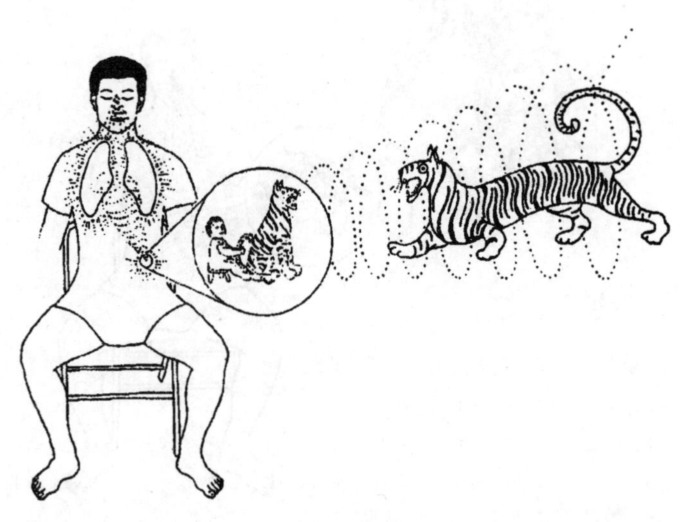

Figura 66. Los pulmones en su proyección hacia el frente atraen a la Fuerza Terrestre del Oeste en forma de un tigre blanco

NOTA: Cuando el hígado o los pulmones deban ser equilibrados, cualquiera de sus dos animales puede atraer al otro. Por ejemplo, el dragón verde del hígado, que se halla internamente en el costado derecho del cuerpo, puede atraer al tigre de la Fuerza de la Tierra relacionado con los pulmones. El tigre pasaría entonces a situarse en el costado izquierdo del cuerpo, para ayudar a equilibrar al hígado. Y esto mismo es válido con el tigre blanco interno de los pulmones y el dragón de la Fuerza de la Tierra. Al dragón de la Tierra se le ubicaría entonces en el costado derecho, para que equilibre los pulmones. Este sistema de equilibrado se puede utilizar sólo con estas dos fuerzas mencionadas.

E. LA ENERGÍA PURA DEL BAZO ATRAE A LA FUERZA DE LA TIERRA EN FORMA DE UN FÉNIX AMARILLO

1. Continúa sentado mirando hacia el sur. Sé consciente del bazo y de su punto de recogida.
2. Siente al bazo iluminado con una luz amarilla brillante, o bien experimenta una fuerte sensación de justicia y franqueza.
3. Mueve la fuerza en espiral sobre el bazo y sobre su punto de recogida. Cuando sientas muy intensamente la energía en el punto de recogida del bazo, proyecta su fuerza fuera del cuerpo, hacia el sur, a fin de atraer la correspondiente Fuerza de la Tierra. (Si eres capaz de hacerlo, proyecta la fuerza del bazo hacia arriba del cuerpo, de modo que salga por la cúspide de la cabeza.)
4. Cuando sientas intensamente la energía amarilla de la Tierra o una sensación fuerte de justicia y franqueza, forma un fénix y llévalo a la cúspide de tu cabeza para que te proteja (figura 67).

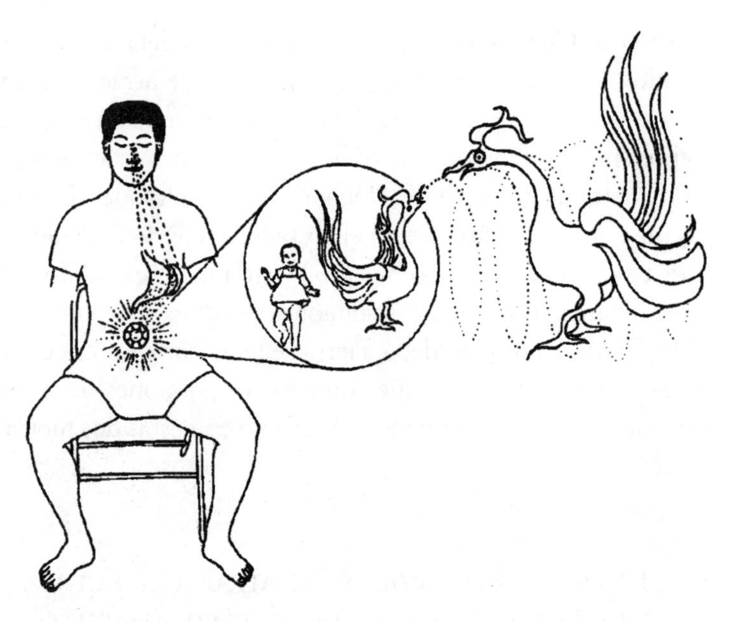

Figura 67. La energía del bazo proyectada hacia el frente atrae al fénix de la Fuerza de la Tierra

F. FORMA CON LOS ANIMALES DE LA FUERZA DE LA TIERRA UN ANILLO PROTECTOR Y UNA CÚPULA DE FUEGO

1. Intensifica los animales de la Fuerza de la Tierra. Obsérvalos, siéntelos o, de algún modo, siente la presencia de su fuerza y la energía virgen de la Fuerza de la Tierra.
2. Forma un anillo de fuego que conecte a los cuatro animales: el faisán rojo, el dragón verde, la gran tortuga azul o negra y el tigre blanco. El fénix amarillo, situado sobre la cabeza, forma una cúpula ígnea que al mismo tiempo permanece conectada al círculo de los otros cuatro (figura 68).
3. La cúpula de fuego puede proteger al cuerpo físico reforzando los órganos. Puede, del mismo modo, proteger al cuerpo

Figura 68. El anillo protector y la cúpula de los animales de la Tierra

del alma. Imprime a la cúpula y a los pakuas un movimiento espiral, en cualquier sentido.

4. Sigue sentado mirando hacia el sur, toma conciencia de la relación existente entre los cuatro pakuas y los cuatro animales: el pakua frontal con el faisán, el pakua dorsal con la tortuga azul o negra, el pakua izquierdo con el tigre y el pakua derecho con el dragón verde. Absorbe la fuerza del

CORRESPONDENCIA DE LOS ÓRGANOS CON LOS CINCO ELEMENTOS					
	MADERA	FUEGO	TIERRA	METAL	AGUA
ÓRGANOS YIN	Hígado	Corazón	Bazo	Pulmones	Riñones
ÓRGANOS YANG	Vesícula biliar	Intestino delgado	Estómago Páncreas	Intestino grueso	Vejiga
ABERTURAS	Ojos	Lengua	Boca Labios	Nariz	Oídos
EMOCIONES POSITIVAS	Amabilidad	Amor Alegría	Justicia Franqueza	Rectitud Ánimo	Dulzura
EMOCIONES NEGATIVAS	Ira	Odio Impaciencia	Preocupación Ansiedad	Tristeza Depresión	Miedo Estrés
TRANSFORMAR ENERGÍA PURA EN NIÑO VIRGEN VESTIDO DE	Verde	Rojo	Amarillo	Blanco	Azul
TRANSFORMAR ENERGÍA PURA EN	Dragón verde	Faisán rojo	Fénix amarillo y rojo	Tigre blanco	Ciervo azul
LA FUERZA DE LA TIERRA TOMA FORMA DE	Dragón verde	Faisán rojo	Fénix amarillo y rojo	Tigre blanco	Tortuga negra
DIRECCIONES	Este	Sur	Centro	Oeste	Norte

Tabla 3

fénix a través de la cúspide de la cabeza y llévala hacia el caldero. Absorbe las fuerzas de los animales de la Tierra en los pakuas y en sus órganos correspondientes. Su energía ayudará a reforzar todos los órganos y las glándulas (ver tabla 3).

5. En este punto vuelve a la fórmula 5 y crea una perla más potente. Sigue llevando la energía, incluyendo la de los cinco animales de las Fuerzas de la Tierra, a los pakuas frontal, dorsal, derecho e izquierdo y mézclalas. Lleva sus energías al caldero a fin de crear una perla más refinada y radiante, que luego utilizaremos para formar un más potente cuerpo de energía.
6. Sé consciente del caldero y de cómo se incrementa la perla. Siente cómo se va haciendo más grande y pesada. Llévala por la Órbita Microcósmica. Sé consciente de la Fuerza Universal de las estrellas y planetas sobre ti, de la Fuerza de las Partículas Cósmicas a tu frente y de la Fuerza de la Tierra debajo. La Fuerza Terrestre de los Animales deberá ser absorbida por la perla.

G. Crea el cuerpo de energía

Siguiendo los pasos de la fórmula 5, crea el cuerpo de energía, utilizando ahora la nueva perla, mucho más potente. Si una vez formado el cuerpo de energía deseas continuar, prosigue con la fórmula 8.

H. Fin de la meditación

Si deseas terminar:

1. En primer lugar, absorbe la fuerza de las estrellas todo cuanto sea posible.

2. Condensa el cuerpo de energía en una perla. Percibe que la perla brilla ahora muy intensamente y que su tamaño es mayor.
3. Inspira y activa la Bomba Craneal. Siente la pulsación. Siente la luz guía extenderse hacia fuera desde la cúspide de la cabeza.
4. Inspira y, utilizando la mente y los sentidos, recoge de nuevo la perla. Inspira otra vez y usa la mente para guiar la perla y hacerla aterrizar en la abertura de la cúspide de tu cabeza, de donde emerge la luz guía. Inspira con fuerza una vez más a fin de tirar de la perla hacia abajo, llevándola desde la cúspide de la cabeza al canal frontal.
5. Haz circular la perla por la Órbita Microcósmica. En su circulación potenciará los órganos y las glándulas. Cualquier parte del cuerpo que requiera energía la absorberá de ella.
6. Lleva la perla al ombligo y luego al caldero. Sé consciente de los cuatro pakuas y de la cúspide de la cabeza, puntos que siguen captando la Fuerza de la Tierra. Mueve en espiral los cuatro pakuas y también la perla, absorbiendo en ella la Fuerza de la Tierra. Recoge la energía en el caldero.
7. Practica el masaje Chi.
8. La Fuerza de los animales de la Tierra puede ahora regresar a su origen o puede permanecer donde está a fin de brindarte una protección continuada. Dependerá de la habilidad que hayas logrado en esta práctica.

Recuerda que las prácticas del Tao Curativo no son sólo procesos de visualización. Debes sentir la fuerza, no simplemente dibujarla en tu mente.

Fórmula 8

Atracción de las Fuerzas de los Planetas y de las Estrellas para refuerzo y protección

A. La perla es producto de tu práctica

Comienza la fórmula 8 practicando desde la fórmula 1 hasta la «creación del cuerpo de energía» de la fórmula 7. Con el tiempo y la práctica continuada todo será mucho más fácil y rápido. Cuando tu mente se halle suficientemente entrenada, podrás controlar los cuatro pakuas, los puntos de recogida, el tiempo, los sentidos y las emociones de una manera fácil. Al mover la energía en espiral los percibirás a todos ellos equilibrados y en armonía, dispuestos a ser transformados y condensados en una perla. Este proceso en su totalidad apenas te tomará algunos minutos.

Cuando hayas alcanzado la práctica debida, todo lo que tendrás que hacer es concentrarte en el centro de control (el caldero). Luego te servirás de la mente para volver todos los sentidos hacia dentro y condensar la perla. Esto requerirá tomar conciencia de los cuatro pakuas, de los puntos de recogida, de los órganos y de los sentidos.

Si la perla formada posee un buen brillo, tu práctica de equilibrar la energía y transformar las emociones negativas será exitosa. Entonces, como en una fábrica que funciona adecuadamente, todo lo que deberás hacer es controlar el producto final. Si el producto final es correcto, significará que la fábrica funciona bien. El producto final de estas prácticas es la perla.

B. CREACIÓN DE UNA PERLA TOTALMENTE DESARROLLADA. EMISIÓN Y MANTENIMIENTO DE LA PERLA SOBRE LA CABEZA

1. Cuando la perla esté ya totalmente desarrollada y bien situada sobre el caldero, toma conciencia de los animales de la Tierra y de cómo te transmiten su fuerza. Lleva la perla hasta el perineo y luego hazla circular por la Órbita Microcósmica hasta que sientas que va tomando velocidad. Sé consciente de todas las fuentes que suministran energía a la perla. Detenla en el perineo y siente allí toda su fuerza acumulada.
2. Activa la Bomba Craneal y lleva la perla hasta la cúspide de la cabeza. Concentra tu mente y tus sentidos en dicho punto y siente allí la pulsación. Siente cómo respira la corona, abriéndose y cerrándose. Siente la luz guía saliendo de tu cabeza por dicha abertura en un fino haz. Inspira otra vez. Traga saliva y siente cómo la perla sube hacia la coronilla. Siente la abertura.
3. Exhala con fuerza hacia la corona, a fin de disparar la perla fuera. La perla es ahora el punto de contacto entre tú y el cielo. Te va a permitir absorber la más pura y elevada

Fuerza Universal, atrayéndola hacia tu cuerpo físico, donde podrá ser procesada y convertida en energía utilizable.

4. Mantén la perla sobre tu cabeza a una altura de entre uno y dos metros sobre la corona del cuerpo de energía. Sírvete de la mente y de los sentidos como un control remoto para dirigir los movimientos de la perla, moviéndola arriba y abajo, a la derecha, a la izquierda y en espiral.

C. ATRAE LA FUERZA DE LOS PLANETAS

Para completar este ejercicio deberás formar tantas perlas como sea necesario.

1. ***Atrae la Fuerza de Mercurio hacia tu cuerpo de energía***
   a. Toma conciencia de tu cuerpo físico, del caldero y de los riñones. Siente el color azul de la fuerza de la dulzura generada en los riñones.
   b. Forma una perla azul, de dulzura, y llévala al perineo.
   c. Haz que circule por la Órbita Microcósmica hasta que adquiera velocidad y absorba las fuerzas procedentes de todas las fuentes ya conocidas. Detenla en el perineo y activa las Bombas Craneal y Sacra.
   d. Lleva la perla a la cúspide de la cabeza y activa la luz guía. Mira hacia arriba con la mirada interna y agudiza tu conciencia del espacio sobre tu cabeza y de tu cuerpo de energía hacia el que vas a disparar la perla.
   e. Inspira, traga saliva y exhala con fuerza hacia la cúspide de la cabeza. Dispara la perla hacia arriba todo lo alto que puedas (figura 69).
   f. Exhala. Relájate totalmente y emite el Sonido del Corazón (HAUUUUUUUUUUUUU) a fin de atraer la

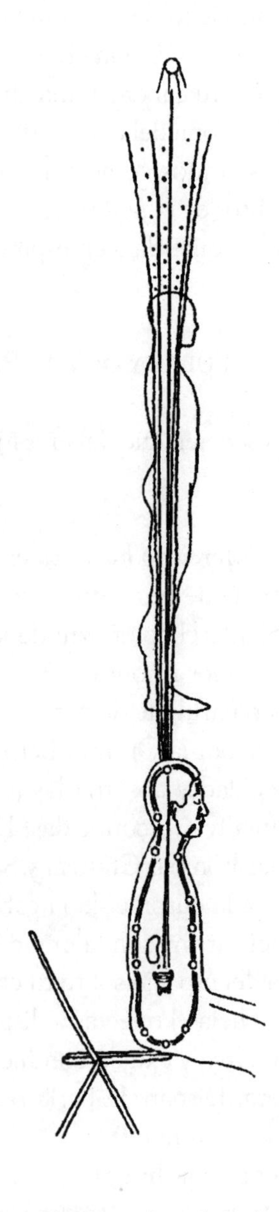

Figura 69. Dispara la perla hacia arriba

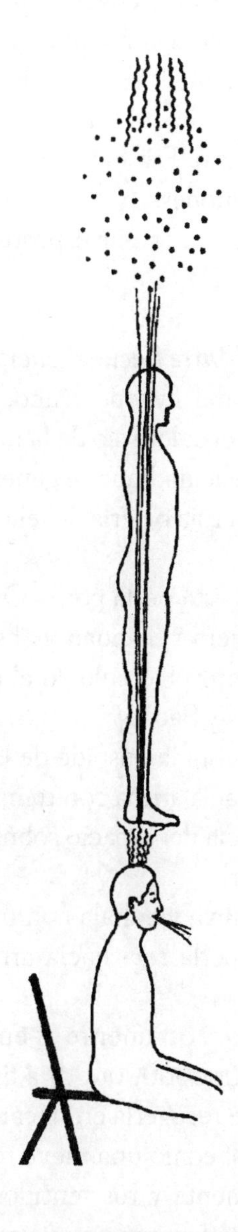

Figura 70. Emite el sonido del corazón (HAUUUUUUUUUUUU) a fin de atraer la Fuerza Universal. Siente la fuerza cayendo como nieve azul

Fuerza Universal y de recogerla. Siente cómo la Fuerza Universal cae sobre ti como una nieve azul (figura 70).

g. Concentra tu mente y tus sentidos para condensar la nieve azul en un planeta azul, que representa la fuerza del agua, Mercurio. Esa fuerza potenciará el alma y el espíritu de los riñones.

h. Sitúa esa fuerza en la parte posterior del cuerpo de energía (figura 71).

2. *Atrae la Fuerza de Marte hacia el cuerpo de energía*

a. Sé consciente del cuerpo físico, del caldero y del corazón. Siente el color rojo de la fuerza del amor, de la alegría y de la felicidad que se generan en el corazón.

b. Forma una perla roja o perla de felicidad y alegría, y llévala al perineo.

c. Haz que circule esta perla por la Órbita Microcósmica hasta que adquiera velocidad y absorba las fuerzas de las diversas fuentes. Detenla en el perineo y activa las Bombas Craneal y Sacra.

d. Lleva la perla hasta la cúspide de la cabeza y activa la luz guía. Mira hacia arriba con tu mirada interna y agudiza tu conciencia del espacio sobre ti hacia donde vas a disparar la perla.

e. Inspira, traga saliva y exhala con fuerza hacia la corona. Dispara la perla roja hacia arriba, tan alto como seas capaz.

f. Exhala. Relájate totalmente y emite el Sonido del Corazón (HAUUUUUUUUUUUU) a fin de atraer la Fuerza Universal y de recogerla en su caída. Siente la Fuerza celeste Universal como una nieve roja.

g. Concentra tu mente y tus sentidos en condensar esa nieve roja en un planeta rojo que represente a la fuerza

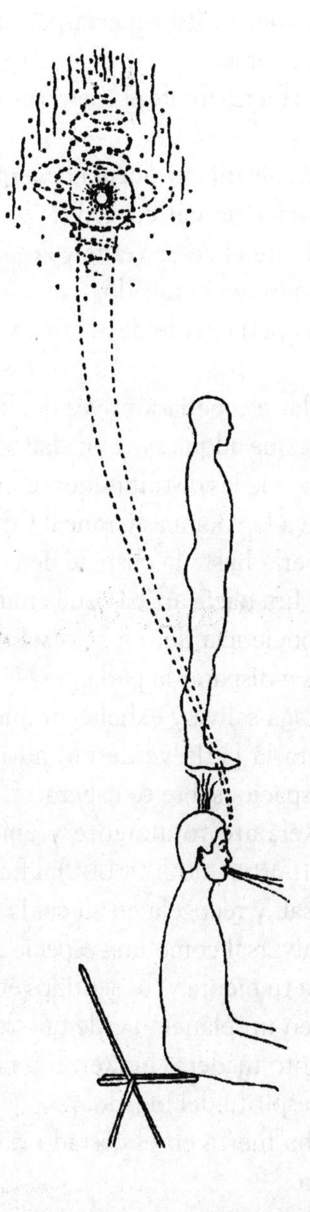

Figura 71. Condensa la nieve azul en el planeta Mercurio y sitúalo sobre el cuerpo de energía

del fuego: Marte. Esta fuerza potenciará el alma y el espíritu del corazón.

h. Sitúa dicha fuerza frente al cuerpo de energía (figura 72).

3. *Atrae la Fuerza de Júpiter hacia el cuerpo de energía*

a. Toma conciencia del cuerpo físico, del caldero y del hígado. Siente el color verde y la fuerza de la amabilidad generados en el hígado.

b. Forma una perla verde de amabilidad y llévala al perineo.

c. Haz circular esa perla a través de la Órbita Microcósmica hasta que adquiera velocidad y absorba las fuerzas procedentes de las distintas fuentes. Detenla en el perineo y activa las Bombas Craneal y Sacra.

d. Lleva la perla hasta la cúspide de la cabeza y activa la luz guía. Mira hacia arriba con la mirada interna y agudiza tu conciencia del espacio sobre tu cabeza, hacia donde vas a disparar la perla.

e. Inspira, traga saliva y exhala con fuerza hacia la corona. Dispara la perla verde tan alto como seas capaz, hacia el espacio, sobre tu cabeza.

f. Exhala. Relájate totalmente y emite el Sonido del Corazón (HAUUUUUUUUUUUU) a fin de atraer la Fuerza Universal, y recógela en su caída. Siente esa Fuerza celeste Universal como una especie de nieve verde.

g. Concentra tu mente y tus sentidos en condensar la nieve verde en un planeta verde que representa la fuerza del elemento madera: Júpiter. Esa fuerza potenciará el alma y el espíritu del hígado.

h. Sitúa dicha fuerza en el costado izquierdo del cuerpo de energía.

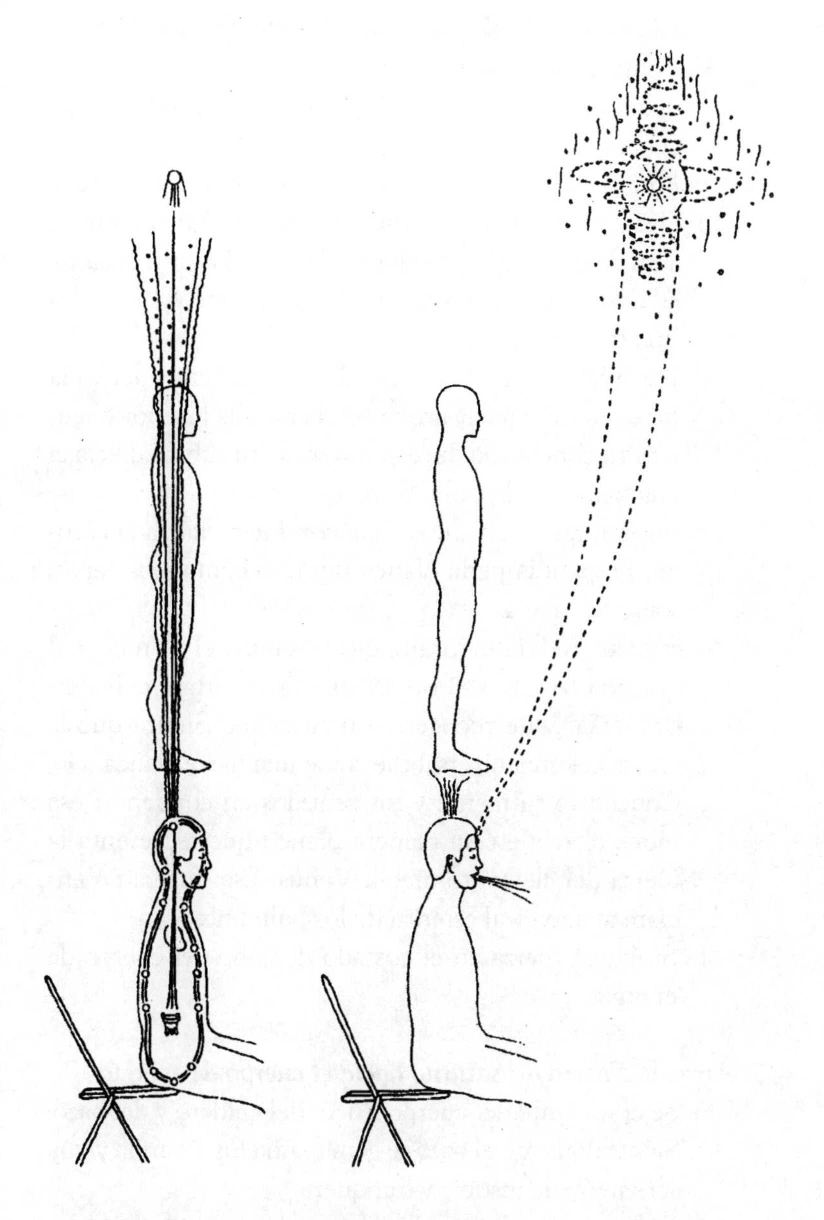

Figura 72. Dispara la perla tan alto como seas capaz a fin de conectarla con la fuerza de Marte. Sitúa la fuerza de Marte frente al cuerpo de energía

4. *Atrae la Fuerza de Venus hacia el cuerpo de energía*

a. Toma conciencia del cuerpo físico, del caldero y de los pulmones. Siente el color blanco o la fuerza del ánimo generada en los pulmones.
b. Forma una perla blanca de ánimo y llévala al perineo.
c. Haz que circule esta perla por la Órbita Microcósmica a fin de que adquiera velocidad y absorba las fuerzas de las diferentes fuentes. Detenla en el perineo y activa las Bombas Craneal y Sacra.
d. Lleva la perla hasta la cúspide de la cabeza y activa la luz guía. Mira hacia arriba con la mirada interior y agudiza tu conciencia del espacio sobre tu cabeza, hacia el cual va a ser disparada la perla.
e. Inspira, traga saliva y exhala con fuerza hacia la corona. Dispara la perla blanca tan alto como seas capaz, sobre tu cabeza.
f. Exhala. Relájate totalmente y emite el Sonido del Corazón (HAUUUUUUUUUUU) a fin de atraer la Fuerza Universal y de recogerla en su caída. Siente que la Fuerza celeste universal cae como una nieve blanca.
g. Concentra tu mente y tus sentidos en condensar esa nieve blanca en un planeta blanco que representa la fuerza del elemento metal: Venus. Esta fuerza potenciará al alma y al espíritu de los pulmones.
h. Sitúa esa fuerza en el costado derecho del cuerpo de energía.

5. *Atrae la Fuerza de Saturno hacia el cuerpo de energía*

a. Sé consciente del cuerpo físico, del caldero y del bazo. Siente cómo en el bazo se genera una luz amarilla y una sensación de justicia y franqueza.
b. Forma una perla amarilla con esa luz amarilla y con las sensaciones de franqueza y justicia, y llévala al perineo.

c. Haz circular esa perla por la Órbita Microcósmica hasta que adquiera velocidad y absorba las fuerzas procedentes de las diferentes fuentes. Detenla en el perineo y activa las Bombas Craneal y Sacra.
d. Lleva la perla hasta la cabeza y activa la luz guía. Mira hacia arriba con la mirada interna y agudiza tu conciencia del espacio existente sobre tu cabeza, hacia donde va a ser disparada la perla.
e. Inspira, traga saliva hacia arriba y exhala con fuerza hacia la corona. Dispara la perla amarilla tan alto como seas capaz, hacia lo alto de tu cabeza.
f. Exhala. Relájate totalmente y emite el Sonido del Corazón (HAUUUUUUUUUUUU) a fin de atraer la Fuerza Universal y de recogerla en su caída. Siente que esa Fuerza celeste Universal cae en forma de nieve amarilla.
g. Concentra tu mente y tus sentidos en condensar esa nieve amarilla en un planeta amarillo que represente la fuerza del elemento tierra: Saturno. Esa fuerza potenciará al cuerpo y al espíritu del bazo.
h. Sitúa dicha fuerza sobre tu cuerpo de energía.

6. *Toma conciencia de los cinco planetas que rodean a tu Cuerpo de Energía*

Sé consciente de los cinco planetas que has colocado alrededor del cuerpo de energía a fin de darle fuerza y protegerlo. Siente la destelleante luz de los planetas.

D. HAZ CIRCULAR LOS PLANETAS POR SUS ÓRBITAS Y ABSORBE SUS FUERZAS EN EL CUERPO DE ENERGÍA

1. *Inicia la órbita de Marte alrededor del cuerpo de energía*

Sé consciente de cómo el planeta Marte se desplaza en su órbita alrededor del Sol. Del mismo modo, comienza a hacer girar a Marte en una órbita alrededor del cuerpo de energía.

2. *El movimiento de Marte activa la órbita de los restantes planetas alrededor del cuerpo de energía*

Al comenzar a circular Marte por su órbita, activará el movimiento de Venus, Mercurio y Júpiter por sus órbitas respectivas. Estas órbitas forman anillos de luz que rodean y protegen la perla, anillos que serán más adelante utilizados para extender la perla y formar con ella el cuerpo de energía.

3. *Saturno crea la cúpula protectora sobre la cúspide de la cabeza*

Haz girar a Saturno en una órbita alrededor de la cúspide la cabeza, a fin de formar una cúpula de luz protectora.

4. *Absorbe las fuerzas de los planetas en el cuerpo de energía*

Sé consciente del cuerpo de energía y utiliza tu mente y tus sentidos para ayudar a que el cuerpo de energía absorba las fuerzas de los planetas. Siente cómo la perla va cambiando de color y haciéndose más grande y pesada.

E. EL CUERPO DE ENERGÍA IRRADIA LAS FUERZAS DE LOS PLANETAS Y DE LAS ESTRELLAS HACIA LA CÚSPIDE DE LA CABEZA

1. *La cámara de cristal, bajo la cúspide de la cabeza, sirve de prisma a las Fuerzas de los Planetas*

Cuando la cúspide de la cabeza del cuerpo de energía recibe las Fuerzas de los Planetas, las irradia a su vez hacia la cúspide de la cabeza del cuerpo físico, hacia la cámara de cristal. La cámara de cristal, también conocida como la tercera cámara vertical, está situada en el centro del cerebro. Se la considera como el centro de control para el procesamiento de la información de la glándula pineal, de la pituitaria y de las restantes glándulas del cuerpo. Durante la meditación de la Fusión, la cámara de cristal funciona como un prisma que refleja los colores del arco iris hacia abajo, hacia los órganos. Siente cómo los órganos están refulgentes de luz (figura 73).

2. *Las Fuerzas de la Estrella del Norte y de la Osa Mayor brillan en la cúspide de la cabeza*

Sé consciente de la luz púrpura de la Estrella del Norte y de la luz roja de la Osa Mayor brillando en la cúspide de la cabeza del cuerpo de energía, y luego desde allí irradiando hacia abajo, hacia la cúspide de la cabeza del cuerpo físico. Su luz penetra seguidamente en la cámara de cristal.

3. *Las Fuerzas Esenciales Condensadas se revierten en la Fuerza Original*

Las fuerzas de estos cinco planetas, de la Estrella del Norte y de la Osa Mayor ayudarán a purificar y potenciar todavía más los órganos. La ahora existente esencia pura de los órganos puede fácilmente condensarse en la cúspide de la cabeza. Los taoístas dicen que cuando las cinco Fuerzas Esenciales se condensan en la cúspide de la cabeza, vuelven a la Fuerza Original.

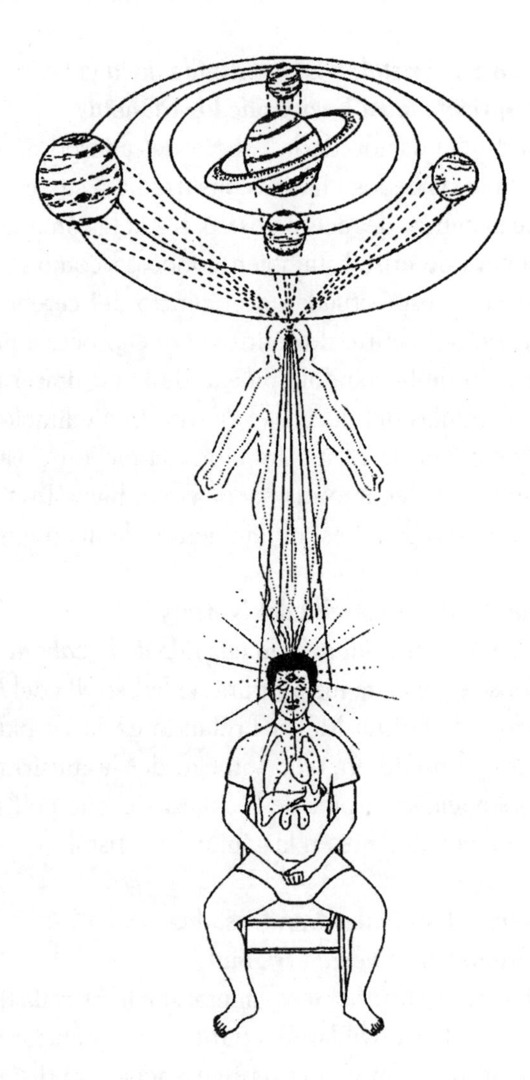

Figura 73. Las Fuerzas de los Planetas se irradian hacia abajo, hacia la cámara de cristal

F. La Fuerza terrestre de los niños vírgenes y de las formas animales se interconecta con las Fuerzas de los Planetas y de las Estrellas

1. *Sé consciente de los niños vírgenes, de los animales internos y de los planetas y estrellas*

Toma conciencia de los niños vírgenes y de los animales internos, de las Fuerzas de la Tierra y sus animales externos y de las Fuerzas de los Planetas y Estrellas. Hallarás que existe una interconexión entre ellas y que cada una se relaciona con otra o potencia a otra (figura 74).

a. Los riñones, el niño azul y el ciervo azul de la fuerza de la dulzura están estrechamente relacionados con la Fuerza de la Tierra de la tortuga azul o negra, con la dirección norte y con la fuerza azul del planeta Mercurio.
b. El corazón, el niño rojo y el faisán rojo de amor y felicidad están relacionados con la Fuerza de la Tierra del faisán rojo, con la dirección sur y con la fuerza roja del planeta Marte.
c. El hígado, el niño verde y el dragón verde de amabilidad están relacionados con la Fuerza de la Tierra del dragón verde, con la dirección este y con el planeta verde, Júpiter.
d. Los pulmones, el niño blanco y el tigre blanco de ánimo tienen una estrecha relación con la Fuerza de la Tierra del tigre blanco, con la dirección oeste y con el planeta blanco, Venus.
e. El bazo, el niño amarillo y el fénix amarillo de justicia y franqueza están estrechamente relacionados con la Fuerza de la Tierra del fénix amarillo, con la dirección central y con el planeta amarillo, Saturno.

(La tabla 4 resume las correspondencias de estas fuerzas.)

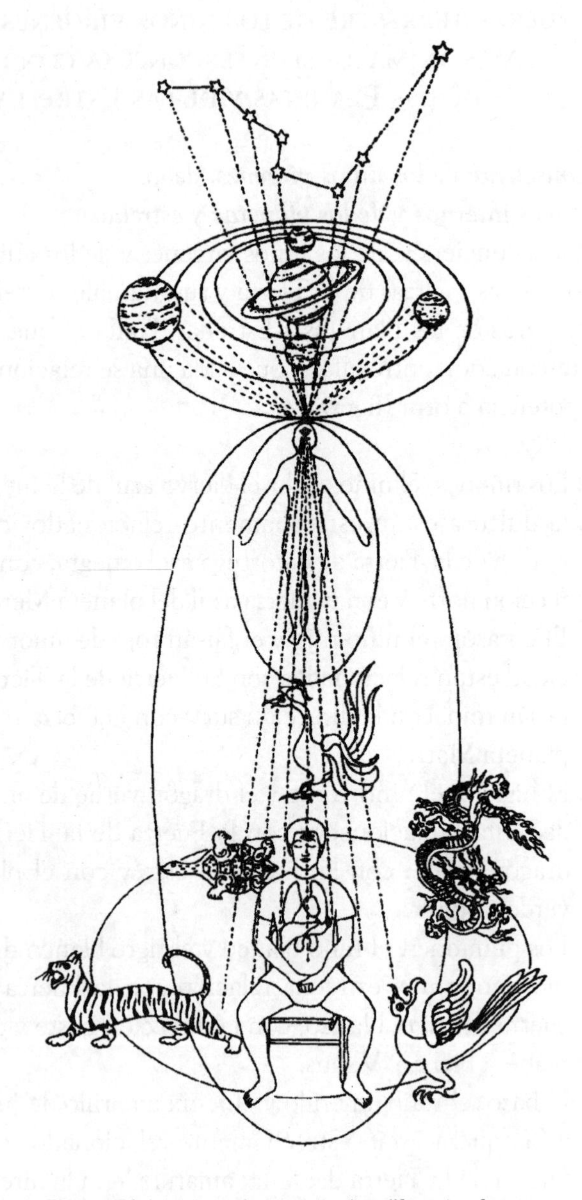

Figura 74. Interconexiones entre las diferentes fuerzas

CORRESPONDENCIA DE LOS ÓRGANOS CON LOS CINCO ELEMENTOS					
	MADERA	FUEGO	TIERRA	METAL	AGUA
ÓRGANOS YIN	Hígado	Corazón	Bazo	Pulmones	Riñones
ÓRGANOS YANG	Vesícula biliar	Intestino delgado	Estómago Páncreas	Intestino grueso	Vejiga
ABERTURAS	Ojos	Lengua	Boca Labios	Nariz	Oídos
EMOCIONES POSITIVAS	Amabilidad	Amor Alegría	Justicia Franqueza	Rectitud Ánimo	Dulzura
EMOCIONES NEGATIVAS	Ira	Odio Impaciencia	Preocupación Ansiedad	Tristeza Depresión	Miedo Estrés
TRANSFORMAR ENERGÍA PURA EN NIÑO VIRGEN VESTIDO DE	Verde	Rojo	Amarillo	Blanco	Azul
TRANSFORMAR ENERGÍA PURA EN	Dragón verde	Faisán rojo	Fénix amarillo y rojo	Tigre blanco	Ciervo azul
LA FUERZA DE LA TIERRA TOMA FORMA DE	Dragón verde	Faisán rojo	Fénix amarillo y rojo	Tigre blanco	Tortuga negra
DIRECCIONES	Este	Sur	Centro	Oeste	Norte
PLANETAS	Júpiter	Marte	Saturno	Venus	Mercurio
FUERZA	Generadora	Incremen.	Estabilizante	Concentrada	Unificadora

Tabla 4

f. Practica absorbiendo la fuerza en la perla y en los órganos y glándulas del cuerpo.
g. Si lo deseas, continúa con la fórmula siguiente.

G. FIN DEL EJERCICIO

Si deseas terminar, absorbe las Fuerzas de los Planetas y de las Estrellas de nuevo en el cuerpo de energía.

1. Condensa el cuerpo de energía en una perla

Si has decidido terminar, activa las Bombas Craneal y Sacra a fin de reabrir la corona. Siéntela abierta y haz aterrizar la perla por la abertura.

2. Haz circular la perla por la Órbita Microcósmica

Inspira, absorbe la perla a través de la cúspide de la cabeza y comienza a hacerla circular por la Órbita Microcósmica.

3. Absorbe las Fuerzas de los Planetas, de las Estrellas y de la Tierra

Absorbe las Fuerzas de la Tierra en los cuatro pakuas y la cúspide de la cabeza. Cualquier energía residual de los planetas, de las estrellas o de la Tierra volverá a su punto de origen.

4. Recoge la energía

Recoge la energía en el caldero.

5. Practica el masaje Chi

Termina el ejercicio con el masaje Chi.

Fórmula 9

La transferencia de conciencia al cuerpo de energía en esta vida da la inmortalidad

El cuerpo de energía es un cuerpo Chi que no ofrece resistencia alguna, por lo que es muy fácil abrir en él la Órbita Microcósmica. La transferencia de la Órbita Microcósmica al cuerpo de energía fue inicialmente experimentada en la fórmula 5 de la práctica básica y de nuevo se realiza en la fórmula 9, en una fase ya más avanzada.

En esta fase de la Fusión, cada día de trabajo supone una mayor transferencia de conciencia al cuerpo de energía. En este momento el cuerpo de energía es simplemente una proyección de la mente y del cuerpo físico. En niveles más elevados, se cristalizará en un cuerpo permanentemente espiritual.

A. TRANSFERENCIA DE LA ÓRBITA MICROCÓSMICA AL CUERPO DE ENERGÍA

1. Crea otra perla en el caldero y hazla circular por la Órbita Microcósmica del cuerpo físico.
2. Inspira, activa las Bombas Craneal y Sacra, activa la luz guía y dirígela hacia el perineo del cuerpo de energía. Dispara esta perla a través de la cúspide de la cabeza del cuerpo físico y haz que penetre en el perineo del cuerpo de energía.
3. Utiliza los sentidos para mover la perla hasta el sacro del cuerpo de energía. Detenla un momento y siente que el sacro ha quedado ya establecido. Luego lleva la perla a través de la Puerta de la Vida, del T-11, del C-7, la base del cráneo, la cúspide de la cabeza, el Tercer Ojo, la lengua, la garganta, el plexo solar, el ombligo, el centro sexual y el perineo, completando así la Órbita Microcósmica del cuerpo de energía. Al no ofrecer resistencia alguna, este cuerpo de energía es muy fácil de abrir. Otra manera de transferir la Órbita Microcósmica al cuerpo de energía es simplemente copiándola desde el cuerpo físico (figura 75).
4. Ahora haz que circule la Órbita Microcósmica en ambos cuerpos, el físico y el de energía, como si los dos formaran una unidad, llevando la perla hacia abajo por el Canal Funcional del cuerpo físico. Continúa haciendo circular la perla por ambas Órbitas Microcósmicas a la vez. Un solo ciclo incluye a ambos cuerpos (figura 76).

B. FORMACIÓN DEL ESCUDO PROTECTOR

1. Forma otra perla en el cuerpo físico y haz que circule por la Órbita Microcósmica del cuerpo físico sólo, hasta que adquiera velocidad. Cuando hayas logrado ya cierta velocidad

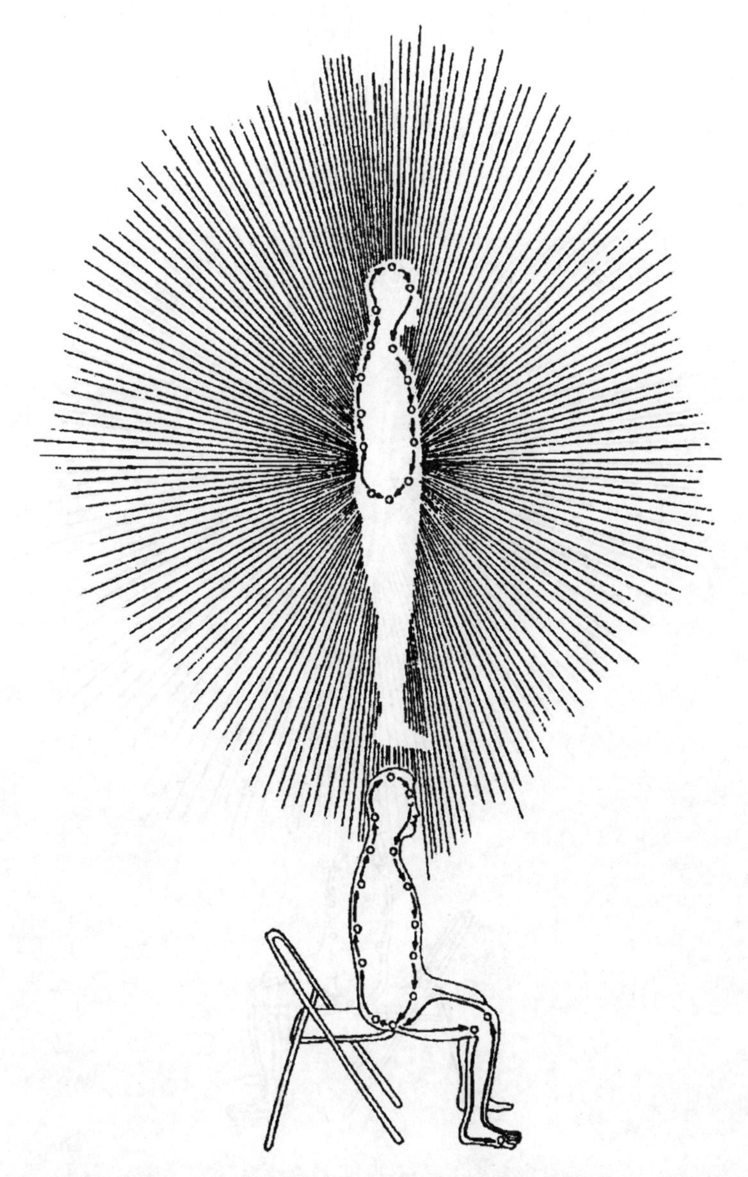

Figura 75. Dispara la perla al perineo del cuerpo de energía a fin de abrir su Órbita Microcósmica. Haz que circulen ambas Órbitas Microcósmicas

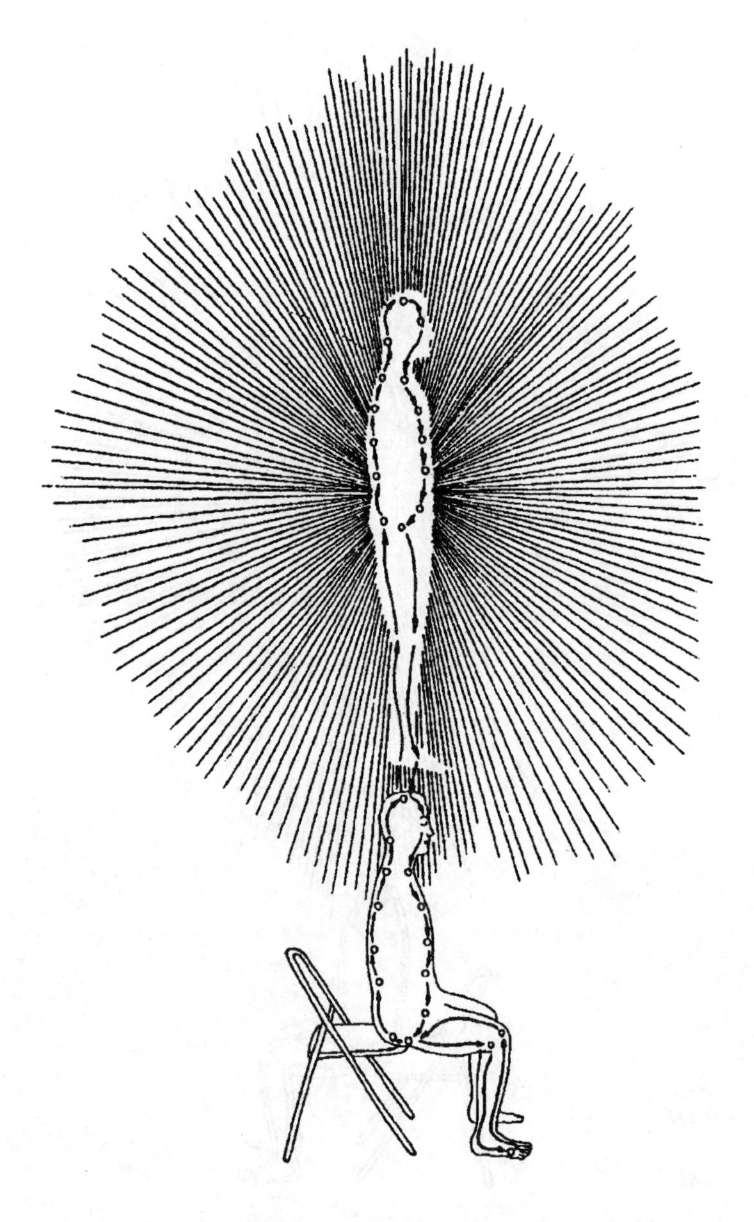

Figura 76. Utiliza los sentidos y la mente para hacer circular ambas Órbitas Microcósmicas en un solo ciclo

y cuando esté volviendo al perineo, llévala de nuevo hacia arriba como sigue:

a. Inspira y activa la Bomba Craneal. Contrae el perineo, el ano y la parte posterior del ano. Lleva la perla al sacro, a la Puerta de la Vida, al T-11, al C-7, a la base del cráneo y hacia la parte posterior de la cúspide de la cabeza, a un punto situado unos cuatro centímetros más atrás. Mantenla en ese punto.
b. Siente la pulsación en la parte posterior de la cabeza. Exhala y dispara la perla hacia fuera. Utiliza la perla para formar una burbuja que cubra la totalidad del cuerpo de energía.

C. Formación de una gran burbuja protectora que abarque ambos cuerpos

1. Forma otra perla. Haz que circule por la Órbita Microcósmica del cuerpo físico hasta que adquiera velocidad. Detenla en el perineo.
2. Como anteriormente, llévala por el Canal Gobernador del cuerpo físico hasta un punto situado cuatro centímetros atrás de la cúspide de la cabeza. Desde dicho punto, dispárala haciendo que rodee el cuerpo de energía y haciéndola bajar hasta que el cuerpo físico quede igualmente dentro de ella. Así, esta gran burbuja cobijará en su interior a ambos cuerpos y también a la anterior burbuja que rodea al cuerpo de energía (figura 77).
3. Toma conciencia del cuerpo de energía, del cuerpo físico y de las burbujas que forman los escudos protectores que los rodean. Toma también conciencia de la energía existente por encima del cuerpo de energía y por debajo del cuerpo físico.

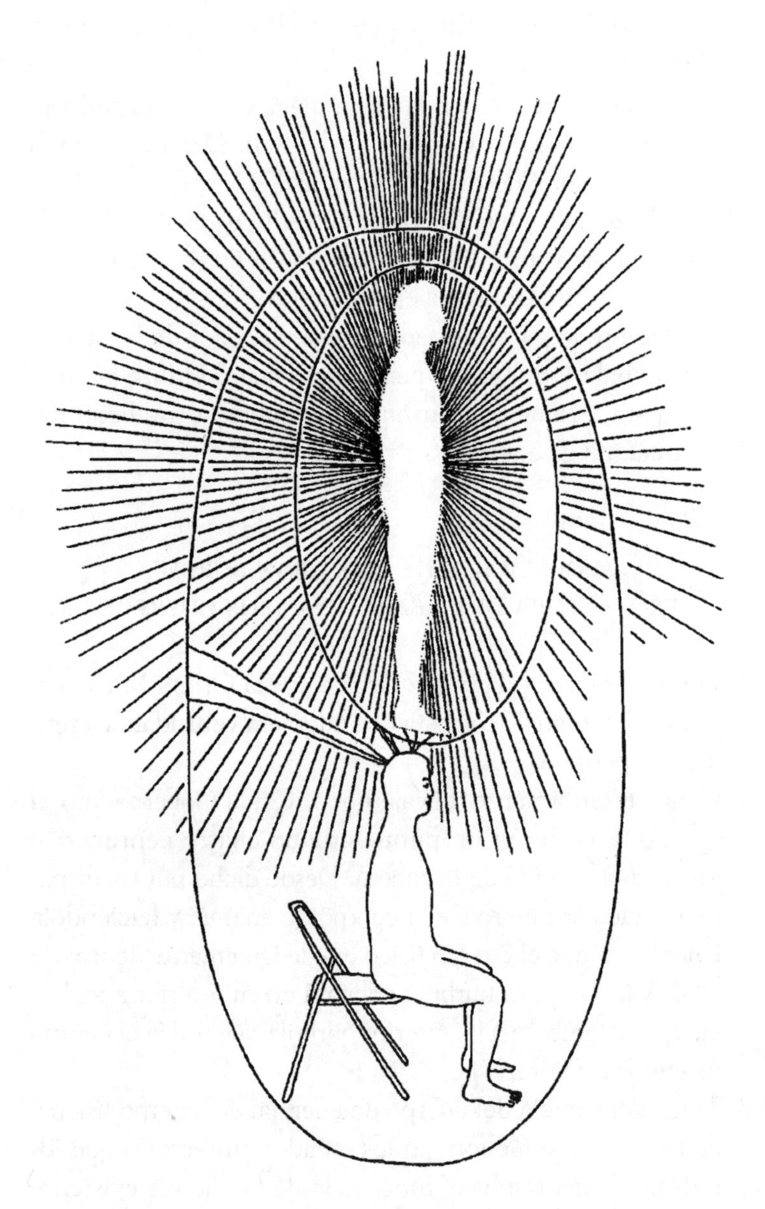

Figura 77. El cuerpo de energía, su escudo protector y la gran burbuja que recubre a ambos cuerpos

D. Absorción de las diferentes fuerzas en ambos cuerpos

1. Hasta ahora el cuerpo de energía ha sido considerado como un cuerpo Yin con carga negativa, lo cual le permite absorber la Fuerza Universal Yang. A medida que vayas avanzando en la práctica, ese cuerpo Yin se irá convirtiendo cada vez más en un cuerpo Yang.
2. El cuerpo físico es considerado un cuerpo Yang, cargado positivamente. Esto le permite canalizar hacia arriba la fuerza Yin de la Tierra, a fin de equilibrar la Fuerza Universal.
3. Una vez se haya obtenido la suficiente práctica, todo lo que se necesitará para activar las diferentes fuerzas es ser consciente de ellas. Al igual que una vasija vacía puede llenarse fácilmente, el cuerpo de energía se puede, del mismo modo, llenar con las diferentes fuerzas.
4. Toma conciencia de las fuerzas de los niños vírgenes, de los animales internos, de los animales externos de la Tierra y de los planetas y estrellas, mientras son absorbidos por el cuerpo de energía y el cuerpo físico (figura 78).
    a. Toma conciencia de la fuerza azul de la Tierra. Siente la fuerza de la dulzura y de la amabilidad entrando por los pies.
    b. Toma conciencia de las fuerzas de los niños vírgenes, de los animales internos y de los animales de la Tierra y absórbelas en los pakuas y en el caldero.
    c. Toma conciencia del cuerpo de energía y de la cúspide de la cabeza.
    d. Toma conciencia de los cinco planetas y de sus colores. Absorbe la fuerza de los planetas en el cuerpo de energía. Lleva las fuerzas al caldero del cuerpo de energía.
    e. Toma conciencia de la Estrella del Norte y de su luz púrpura.

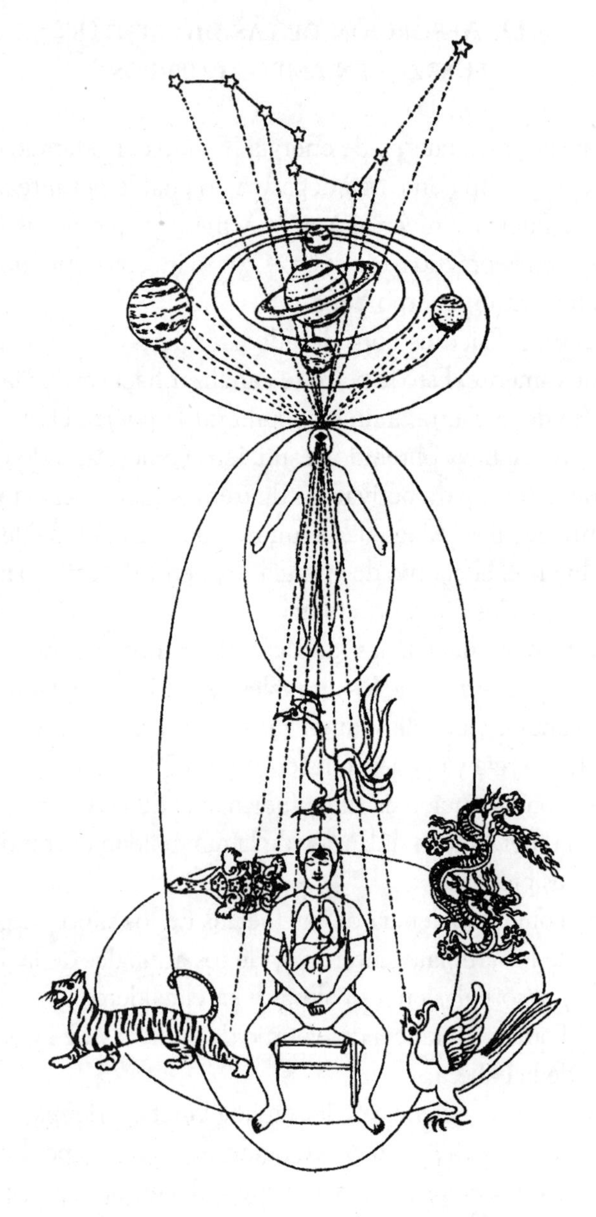

Figura 78. Sé consciente de las fuentes de energía

f. Toma conciencia de la Osa Mayor y de su luz roja brillando sobre tu cabeza.
g. Respira las luces púrpura y roja a través de la nariz y de la cúspide de la cabeza del cuerpo de energía. Las fuerzas de estas estrellas potenciarán las esencias del alma y del espíritu de ambos cuerpos.
h. Desde el cristalino caldero del cuerpo de energía, irradia hacia abajo la fuerza del arco iris, hacia la cúspide de la cabeza del cuerpo físico y luego hacia el caldero del cuerpo físico.
i. Canaliza la fuerza Yin de la Tierra a través del cuerpo físico, hasta llevarla al cuerpo de energía, donde equilibrará su propia energía evitando un excesivo calentamiento. La carga negativa de la fuerza Yin procedente de la Tierra mantendrá en equilibrio la carga energética del cuerpo.
j. Practica entre cinco y diez minutos.

E. Recoge el cuerpo de energía y la gran burbuja protectora

1. Cuando decidas terminar la práctica, absorbe primero las Fuerzas de los Planetas y de las Estrellas una vez más, todo cuanto te sea posible. El resto de las energías de los planetas y las estrellas no absorbidas volverán a la Fuerza Original o permanecerán junto a ti para protegerte en caso de que fuera necesario.
2. Condensa el cuerpo de energía en una perla, todavía rodeado por la burbuja que le sirve de escudo protector. Siente que el color de la energía de la perla es ahora más brillante, o bien la perla es mayor.

3. Toma conciencia de la burbuja grande, que continúa protegiendo a los cuerpos físico y de energía como un gran escudo protector.
4. Inspira y activa la Bomba Craneal. Siente la pulsación. Siente la luz guía que emerge de la cúspide de la cabeza.
5. Inspira y utiliza la mente y los sentidos para, con suavidad, recoger la perla que formaba el cuerpo de energía (figura 79). Inspira y sírvete de la mente para guiar la perla en su aterrizaje sobre la abertura de la cúspide de la cabeza, desde donde emerge la luz guía. Inspira con fuerza una vez más a fin de llevar la perla hacia abajo por el canal frontal.
6. Haz que circule la perla por la Órbita Microcósmica. En su circulación, esta perla reforzará todos los órganos y las glándulas. Cualquiera que sea la parte del cuerpo que esté falta de energía, la absorberá de ella.
7. Toma conciencia de la burbuja que protegía el cuerpo de energía, y que ahora permanece sobre el cuerpo físico y dentro de la otra burbuja mayor. Toma conciencia de la cúspide de tu cabeza y del punto situado cuatro centímetros más atrás. Inspira y pasa la burbuja del cuerpo de energía a través de la cúspide de la cabeza, hacia la Órbita Microcósmica. Añade su energía a la de la perla que ya está en circulación.

   De este modo la energía que estará ahora circulando por la Órbita Microcósmica será una combinación del cuerpo de energía y de la burbuja que lo protegía. La burbuja grande que rodeaba ambos cuerpos sigue permaneciendo fuera, protegiendo al cuerpo físico.

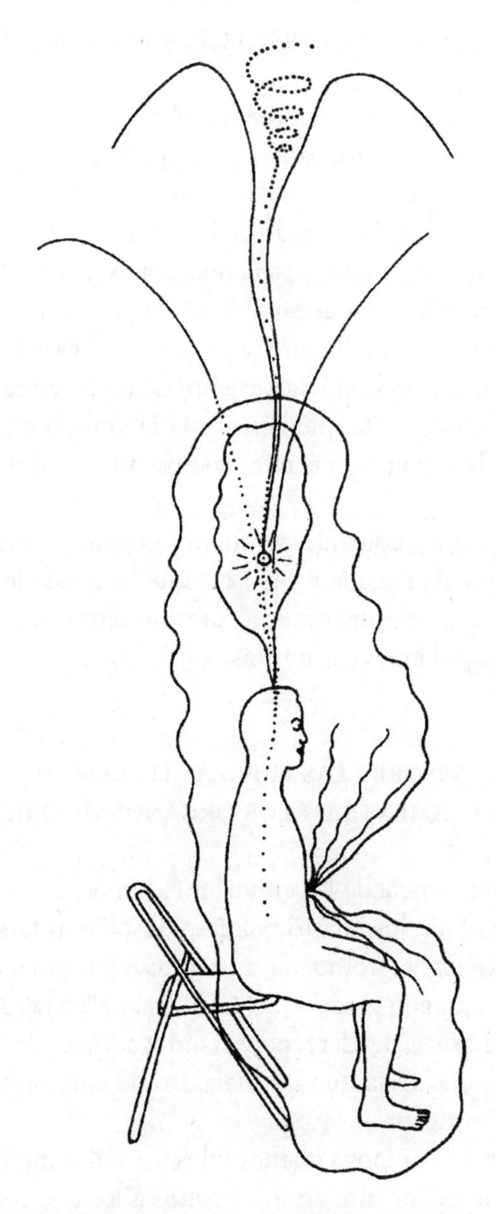

Figura 79. Recogiendo las burbujas protectoras a través de la cúspide de la cabeza y del ombligo

F. El escudo protector permanece

1. Comienza poco a poco a reducir el tamaño de la gran burbuja que continúa rodeando al cuerpo físico, condensándola y desinflándola a través del punto situado cuatro centímetros detrás de la cúspide de la cabeza. Añade su energía a la perla que ya está circulando por la Órbita Microcósmica, llevándola por el canal frontal hasta el ombligo.
2. Para desinflarla totalmente se puede absorber la energía restante a través del ombligo. Siente cómo la energía que ha quedado fuera —la que constituía la gran burbuja— está pegada firmemente contra el cuerpo físico, cubriéndolo en su totalidad.
3. Ahora estarás protegido por fuera y también por dentro. La membrana de energía protectora que ha quedado fuera del cuerpo será incrementada posteriormente con sucesivas capas, en tus prácticas futuras.

G. Absorbe las fuerzas en la perla o directamente en los órganos de origen

1. Toma conciencia de los animales externos, de la Fuerza de la Tierra y de los cuatro pakuas. Absorbe al faisán rojo a través del pakua frontal, la tortuga azul o negra a través del dorsal, el dragón verde a través del pakua izquierdo, el tigre blanco a través del derecho y el fénix a través de la cúspide de la cabeza. Deja que las fuerzas residuales regresen a su punto de origen.
2. Absorbe a los niños vírgenes y los animales internos en la perla o directamente en los órganos a los que pertenecen. Los niños vírgenes y los animales son la forma más pura de la energía de los órganos. La energía virtuosa en su forma

más pura puede ser combinada y transformada, y esa energía es la conciencia que se transfiere al cuerpo de energía.

H. Fin de la práctica

1. Condensa y lleva la perla, a través del canal frontal, hasta el ombligo.
2. Del ombligo, llévala al caldero. Cuando hayas practicado bastante y las energías de tus órganos sean más fuertes y puras, la perla permanecerá condensada más tiempo. Cuando finalmente se libere, su energía pasará a los órganos y las glándulas que más necesidad tengan de su altamente refinada energía, que los curará y reforzará.
3. Practica el masaje Chi.

Resumen de la práctica de la Fusión I

Fórmulas de la 1 a la 9

A. Creación de la perla

1. Sonríe a tu rostro y a tus árganos. Genera un estado emocional positivo.
2. Sonríe al ombligo y forma el pakua frontal detrás de él.
3. Fusiona las energías de los sentidos, de los órganos y de las emociones en el pakua frontal.
4. Forma el pakua dorsal y recoge en él la energía.
5. Imprime a la energía o fuerza de los pakuas frontal y dorsal un movimiento en espiral. Dirige la energía de ambos pakuas al caldero, situado en el centro del cuerpo.
6. Forma el pakua derecho y recoge en él la energía.
7. Forma el pakua izquierdo y recoge en él la energía.

8. Mueve en espiral la energía de los pakuas derecho e izquierdo. Viértela en el caldero y condénsala para formar con ella una perla. Cuanta más energía procedente de los pakuas se funda en el caldero, mayor será el brillo de la perla.

B. FORMA LOS NIÑOS VÍRGENES Y LOS ANIMALES PROTECTORES

1. Repasa los riñones y su punto de recogida. Siente que ambos están iluminados con una luz brillante y azul. Siente la energía virtuosa de la dulzura en los riñones y forma con ella un niño o niña virgen. Siente que éste, al respirar, exhala un aliento azul que se convierte en un ciervo. Sitúa al niño y al ciervo en el punto de recogida de los riñones.
2. Repasa el corazón y su punto de recogida. Siente que ambos están iluminados por una luz roja brillante. Siente en el corazón la energía virtuosa del amor, de la alegría y de la felicidad. Forma con ella un niño virgen y siente cómo el aliento de ese niño es también rojo y cómo de él se forma la figura de un faisán. Sitúa a ambos en el punto de recogida del corazón.
3. Repasa el hígado y su punto de recogida. Siente cómo ambos están iluminados por una luz verde brillante. Siente en el hígado la energía virtuosa de la amabilidad. Forma con ella un niño virgen y sienta cómo del aliento de ese niño, también verde, se forma la figura de un dragón. Sitúa a ambos en el punto de recogida del hígado, sobre el costado derecho del cuerpo.
4. Repasa los pulmones y su punto de recogida. Observa a ambos iluminados por una luz blanca brillante. Siente la energía virtuosa del ánimo y forma con ella un niño virgen blanco. Mira cómo del aliento de ese niño se forma un tigre,

también de color blanco. Sitúa a ambos en el punto de recogida de los pulmones, sobre el costado izquierdo del cuerpo.

5. Repasa el bazo y su punto de recogida. Siente al bazo y a su punto de recogida iluminados por una luz amarilla brillante. Siente la energía virtuosa de la justicia y de la franqueza en el bazo y forma con ella un niño virgen vestido de color amarillo. Siente cómo del aliento de ese niño, también amarillo, se forma un fénix amarillo. Sitúalos a ambos en el pakua frontal.
6. Forma dos anillos protectores conectando los niños vírgenes y los animales internos. Comenzando en los riñones, el niño virgen azul y el ciervo azul se conectan mediante un anillo de fuego con el niño verde y el dragón, situados en el punto de recogida del hígado, con el niño rojo y el faisán, situados en el punto de recogida del corazón, con el niño blanco y el tigre del punto de recogida de los pulmones y de nuevo con el niño azul y el ciervo del punto de recogida de los riñones. El niño virgen amarillo y el ave fénix permanecen en el pakua frontal.

C. ATRAE LA FUERZA DE LA TIERRA COMO PROTECCIÓN Y FUENTE DE ENERGÍA

1. Toma conciencia de la energía existente en los riñones y en su punto de recogida e imprímele un movimiento rotativo-espiral. Cuando la sientas muy intensamente, proyéctala fuera del cuerpo desde su punto de recogida, hacia delante, a fin de atraer el elemento agua de la Tierra. Cuando dicha fuerza llegue a ti y la sientas con gran intensidad, forma la imagen de una gran tortuga azul o negra (el guerrero negro) a fin de captarla. Coloca luego a esta tortuga en la parte posterior de tu cuerpo, para que te proteja.

2. Toma conciencia de la energía existente en el corazón y en su punto de recogida e imprímele un movimiento espiral. Cuando sientas su fuerza con mucha intensidad, proyéctala fuera del cuerpo, hacia el frente, a fin de atraer al elemento fuego de la Tierra. Una vez sientas su fuerza intensamente, forma la imagen de un faisán rojo, para captarla. Sitúa al faisán en la parte frontal de tu cuerpo, como protección.
3. Toma conciencia de la energía existente en el hígado y en su punto de recogida e imprímele un movimiento en espiral. Cuando sientas su fuerza con intensidad, proyéctala fuera del cuerpo, hacia delante, a fin de atraer la fuerza del elemento madera de la Tierra. Cuando esa fuerza llegue a ti y la sientas intensamente, forma la imagen de un dragón verde a fin de captarla. Sitúa luego al dragón en el costado derecho de tu cuerpo para que te proteja.
4. Toma conciencia de la energía existente en los pulmones y en su punto de recogida e imprímele un movimiento espiral. Cuando sientas esa fuerza con bastante intensidad, proyéctala fuera del cuerpo, hacia delante, a fin de atraer la fuerza del elemento metal. Una vez dicha fuerza llegue a ti y la sientas intensamente, forma con ella la imagen de un tigre blanco, a fin de retenerla. Sitúa luego al tigre blanco en el costado izquierdo de tu cuerpo para que te proteja.
5. Sé consciente de la energía existente en el bazo y en su punto de recogida e imprímele un movimiento en espiral. Cuando sientas la fuerza con bastante intensidad, proyéctala desde el punto de recogida hacia delante, fuera del cuerpo, a fin de atraer la fuerza del elemento tierra. Una vez dicha fuerza llegue a ti y la sientas con mucha intensidad, forma con ella la imagen de un fénix amarillo. Sitúa el fénix sobre tu cabeza, para que te proteja.

6. Forma un anillo de fuego que una las fuerzas de los cuatro primeros animales. El fénix creará una cúpula de fuego, que permanecerá unida con todos los demás.

D. HAZ CIRCULAR LA PERLA POR LA ÓRBITA MICROCÓSMICA

1. Dirige la perla al perineo, contrayéndolo, al igual que el ano y la parte posterior de éste. Lleva la perla a la Órbita Microcósmica. En cada uno de los puntos de la Órbita —perineo, Puerta de la Vida, T-11, C-7, base del cráneo, cúspide de la cabeza, Tercer Ojo, garganta, corazón, plexo solar y ombligo— ilumínala con una luz brillante. Haz que poco a poco vaya adquiriendo velocidad.
2. Lleva la perla de nuevo al perineo, contráelo, al igual que la parte posterior del ano, y luego llévala al sacro. Activa las Bombas Craneal y Sacra y lleva la perla a la cúspide de la cabeza. Exhala con fuerza a través de la cúspide de la cabeza y proyecta la perla fuera del cuerpo, a unos quince centímetros sobre tu cabeza.

    a. Utiliza la mente y los sentidos para mover la perla arriba y abajo. Ve poco a poco llevándola más arriba, hasta unos treinta centímetros sobre la cabeza.
    b. Muévela arriba y abajo controlándola con los sentidos.
    c. Llévala a una altura de sesenta centímetros sobre la cabeza.
    d. Muévela arriba y abajo.
    e. Continúa elevándola hasta alcanzar una altura sobre tu cabeza semejante a la de tu cuerpo físico.

E. Forma el cuerpo de energía

Centra tu atención en la formación —partiendo de la perla— de un cuerpo de energía semejante al tuyo, o como a ti te gustaría que fuera.

F. Atrae las Fuerzas de los Planetas

1. Forma una nueva perla, azul y brillante.
2. Haz que circule por la Órbita Microcósmica hasta que adquiera velocidad.
3. Detenla en el perineo, activa la Bomba Craneal y proyecta la perla hacia arriba, hasta hacerla salir a través de la cúspide de la cabeza del cuerpo de energía.
4. Espera a que la fuerza del elemento agua se manifieste en forma de una nieve azul. Forma con ella el planeta Mercurio.
5. Ve cómo el planeta Mercurio capta tu fuerza. Sitúalo en la parte posterior del cuerpo de energía a fin de que suministre la fuerza necesaria a los riñones y también para que proteja la parte posterior del cuerpo de energía.
6. Forma una nueva perla, roja y brillante. Hazla circular por la Órbita Microcósmica hasta que adquiera velocidad.
7. Detenla en el perineo, activa la Bomba Craneal y proyecta la perla hacia arriba todo lo alto que puedas, hasta hacerla salir por la cúspide de la cabeza del cuerpo de energía. Espera a que se manifieste la fuerza del elemento fuego del planeta Marte.
8. Ve cómo el planeta Marte va captando tu fuerza. Sitúalo en la parte frontal del cuerpo de energía a fin de que suministre la fuerza necesaria al corazón y, al mismo tiempo, proteja la parte frontal del cuerpo de energía.

9. Forma una nueva perla, verde y brillante. Haz que circule por la Órbita Microcósmica hasta que adquiera velocidad.
10. Detenla en el perineo, activa la Bomba Craneal y proyecta la perla hacia arriba, a través de la cúspide de la cabeza del cuerpo de energía, todo lo alto que puedas.
11. Deja que la fuerza del elemento madera y del planeta Júpiter se manifieste.
12. Forma al planeta Júpiter para que capte dicha fuerza. Sitúalo en el costado derecho del cuerpo a fin de que suministre la fuerza necesaria al hígado y también para que proteja dicho lado.
13. Forma una nueva perla, blanca y brillante. Haz que circule por la Órbita Microcósmica hasta que adquiera velocidad.
14. Detenla en el perineo, activa la Bomba Craneal y proyecta la perla hacia arriba, haciendo que salga por la cúspide de la cabeza del cuerpo de energía.
15. Deja que se manifieste la fuerza del elemento metal y del planeta Venus.
16. Forma al planeta Venus a fin de captar dicha fuerza, y sitúalo a la izquierda del cuerpo de energía para que suministre a los pulmones la fuerza necesaria y también para que proteja ese costado del cuerpo de energía.
17. Forma una nueva perla, amarilla y brillante. Hazla circular por la Órbita Microcósmica hasta que adquiera cierta velocidad.
18. Detenla en el perineo, activa la Bomba Craneal y proyecta la perla hacia arriba, todo lo alto que puedas, haciendo que salga por la cúspide de la cabeza del cuerpo de energía.
19. Deja que la fuerza del elemento tierra y del planeta Saturno se manifieste.
20. Forma al planeta Saturno a fin de captar dicha fuerza. Sitúalo sobre el centro de la cabeza del cuerpo de energía

para que suministre al bazo la fuerza necesaria y también para que proteja al centro del cuerpo.

21. Toma conciencia de la energía de las estrellas y de los planetas y absorbe su fuerza en el cuerpo de energía. Irrádiala desde la corona o cúspide de la cabeza del cuerpo de energía hasta la cúspide de la cabeza del cuerpo físico. Absorbe la energía de la tierra en el cuerpo físico (figura 80).

G. TRANSFIERE LA ÓRBITA MICROCÓSMICA AL CUERPO DE ENERGÍA

1. Haz circular la Órbita Microcósmica del cuerpo físico, inspira y llévala al cuerpo de energía.
2. Haz circular ambas Órbitas Microcósmicas a un tiempo, pero una independiente de la otra.
3. Forma un solo circuito con ambas órbitas y haz que circulen en conjunto, pasando la energía del cuerpo físico al cuerpo de energía y viceversa.

H. FORMA UN ESCUDO PROTECTOR Y UNA GRAN BURBUJA QUE PROTEJAN A AMBOS CUERPOS

Forma la burbuja del escudo protector alrededor del cuerpo de energía. Luego forma otra, mayor, que rodee y proteja al cuerpo físico y también a la burbuja del cuerpo de energía. La burbuja grande rodea a ambos cuerpos y genera un aura.

I. CONDENSA Y RECOGE LA ENERGÍA

1. Condensa el cuerpo de energía en una perla.

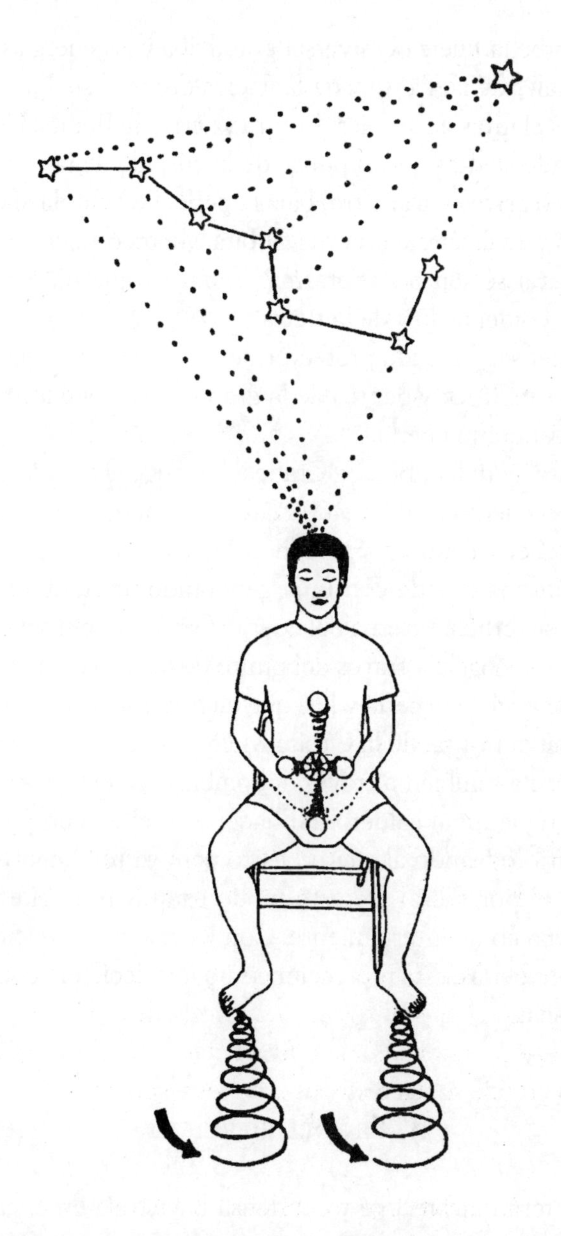

Figura 80. Energía de las estrellas y de la Tierra. Los pakuas y el caldero

2. Absorbe la Fuerza Universal por arriba y las energías de los animales de la Tierra y de la Tierra desde el suelo, a través de las plantas de los pies. Inspira y activa la Bomba Craneal. Cuando sientas que el punto de la cúspide de la cabeza del cuerpo físico está abierto, baja la perla, llevándola al cuerpo físico y hazla circular por la Órbita Microcósmica.
3. La perla se sentirá ahora más clara, ya que ha absorbido energías del cielo y de la tierra.
4. Condensa el escudo protector del cuerpo de energía (sobre el cuerpo físico y dentro de la gran burbuja que los rodea a ambos) en una perla.
5. Inspira, activa la Bomba Craneal y recoge el escudo protector del cuerpo de energía. Añade esta energía a la perla que ya está circulando por la Órbita Microcósmica.
6. La burbuja grande continúa generando un aura alrededor de la superficie externa del cuerpo físico. Condénsala y poco a poco recógela a través del punto de la cúspide de la cabeza. Añádela a la perla y haz que circule hacia abajo a través del canal frontal de la Órbita Microcósmica.
7. Recógela también a través del ombligo y lleva esta energía directamente al caldero. Al hacer esto el escudo protector seguirá rodeando al cuerpo físico pero ya totalmente pegado a él por fuera. De este modo estarás protegido tanto externa como internamente. Con los nuevos ejercicios y las nuevas perlas, esta protección se irá fortaleciendo con capas sucesivas.

J. FIN DEL EJERCICIO

1. Para terminar, recoge y condensa la energía en el caldero, en el centro del cuerpo, entre los cuatro pakuas.
2. Termina con el masaje Chi.

K. PRACTICA LA FUSIÓN DIARIAMENTE

A fin de refinar tu tonalidad emocional, la Fusión deberá practicarse cada día. Eso generará una energía purificada, que es esencial para poder acceder a los niveles más elevados de la práctica taoísta. No tengas prisa y no fuerces las prácticas; la Fusión requiere cierto tiempo, pero finalmente podrás contrastar sus buenos resultados.

RESUMEN DE LAS PRÁCTICAS AVANZADAS

En la práctica avanzada se debe programar la mente para proyectar la fuerza hacia fuera, permitiendo que todo el proceso ocurra simultáneamente.

1. Toma conciencia del caldero, en el centro del cuerpo. Mueve su energía en espiral, utilizando la mente y el cuerpo. Usa la visión interior para guiar la energía en su rotación espiral. Mueve en espiral el caldero y, al mismo tiempo, los pakuas con gran intensidad. Condensa la energía que cae en el caldero en una perla. Una vez formada la perla, deten el movimiento espiral. Toma conciencia de la perla, de los cuatro pakuas, de los puntos de recogida de los órganos, de los sentidos, de las emociones y del equilibrio de las energías internas. Si la perla formada es brillante y firme, significa que las energías internas están equilibradas y en buen estado. En caso contrario revisa cada zona a fin de corregir o ajustar el desequilibrio en cuestión.
2. Toma conciencia de los niños vírgenes, de los animales y del anillo interno para protección del cuerpo.
3. Toma conciencia de la Fuerza de la Tierra y de los animales de la Tierra que forman el anillo protector y la cúpula.

4. Haz que circule la perla por la Órbita Microcósmica y proyéctala hacia fuera a través de la cúspide de la cabeza, a fin de formar el cuerpo de energía.
5. Toma conciencia o atrae las Fuerzas de los Planetas y forma con ellos un anillo protector externo.
6. Conéctate con la Estrella del Norte y con la Osa Mayor y absorbe sus fuerzas en el cuerpo de energía, a través de la cúspide de la cabeza. Irradia esas fuerzas hacia abajo, al cuerpo físico.
7. Forma el escudo protector del cuerpo de energía y también la gran burbuja que protege a ambos cuerpos.
8. Condensa el cuerpo de energía en una perla e intérnala en el cuerpo físico llevándola luego al ombligo. Absorbe su escudo protector a través del punto de la cúspide de la cabeza y lleva también su energía al ombligo. Absorbe la gran burbuja por la cúspide de la cabeza y lleva su energía al ombligo. Siente que la burbuja se pega al cuerpo físico formando una capa protectora. Condensa las energías en el caldero.
9. Practica el masaje Chi.

Resumen de las prácticas más avanzadas

1. Toma conciencia de la perla en el caldero, de los cuatro pakuas, de los puntos de recogida, de los órganos, de los sentidos, de los niños vírgenes y de los animales. Siéntete centrado, en paz, tranquilo y lleno de amor, de alegría y de confianza.
2. Utiliza la mente y los sentidos para proyectar la perla fuera del cuerpo físico y formar el cuerpo de energía. Lleva el cuerpo de energía tan lejos como alcance la luz guía. Toma conciencia de las Fuerzas de los Planetas y de las Estrellas y

también de los escudos protectores. Absorbe la energía en ambos cuerpos, físico y de energía.
3. Condensa la energía y los escudos protectores y absórbela en el cuerpo físico.
4. Condensa la energía en el caldero.
5. Practica el masaje Chi.

RESUMEN DE LAS PRÁCTICAS TODAVÍA MÁS AVANZADAS

1. Toma conciencia del caldero como punto central del cuerpo. Utiliza la mente, los ojos, la cabeza y el cuerpo para imprimirle un movimiento espiral. Continúa con ese movimiento y sé consciente simplemente de los cuatro pakuas y de los puntos de recogida. Sigue con el movimiento espiral hasta que sientas la perla formada (figura 81). Sé consciente de la perla en el caldero y, seguidamente, hazla circular por la Órbita Microcósmica. Proyéctala fuera para formar el cuerpo de energía. Lleva el cuerpo de energía hacia arriba, a la altura que alcance la luz guía.
2. Sé consciente del cuerpo físico y de las fuerzas que lo rodean. Sé consciente de la Fuerza Universal. Absorbe estas energías en ambos cuerpos, el físico y el de energía.
3. Cuando decidas terminar, condensa simplemente todas las energías en el caldero.
4. Practica el masaje Chi.

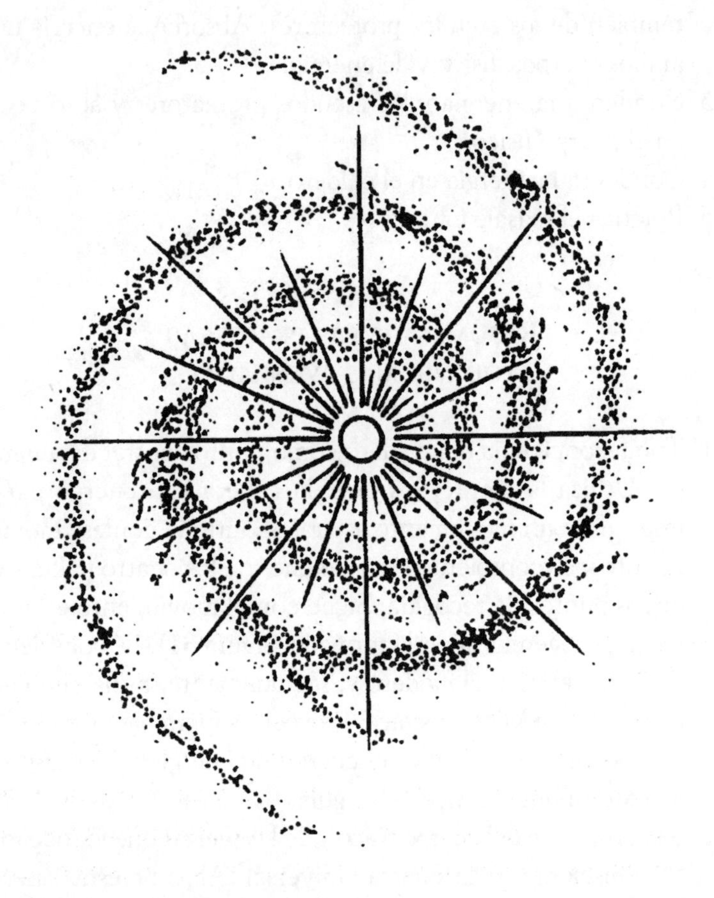

Figura 81. La fuerza espiral hará que las energías se viertan en el caldero, hasta formar la perla

Práctica diaria de la Fusión de los Cinco Elementos

1. La práctica de la Fusión constituye una limpieza interna diaria y debe llegar a ser algo tan rutinario como ducharse, cepillarse los dientes u ocuparse de las funciones naturales del cuerpo. La Fusión es una manera de equilibrar la energía, de aumentar la fuerza mental y de transformar las emociones negativas —y otras cualidades indeseadas que podemos denominar energías basura y que se suelen acumular en el cuerpo— en fuerza vital útil. Cuanto más se practique esta transformación de las emociones negativas, más fácil resultará su manejo. Podremos estar seguros de que no nos van a hacer estallar. Podremos impedir de un modo fácil los nerviosismos, las depresiones y la sensación de vulnerabilidad. Y podremos practicar la poderosa fuerza del perdón.
2. Quienes carezcan de contacto con sus emociones o sientan inestabilidad, deberán trabajar más con la energía de los órganos antes de actuar sobre la energía emocional. La

Fusión no es un proceso para reprimir las emociones, sino un modo de afrontarlas y transformarlas.

3. Una vez hayas entrado en contacto con tus emociones, todo lo que necesitas es mantener la conciencia de ellas. Sé consciente de tu energía mientras ésta se funde en el caldero central. La perla, formada en ese centro del cuerpo, representa la energía de tus emociones y debe sentirse cálida.
4. Sé consciente de la perla en el caldero. Una vez haya sido totalmente formada, el proceso de control de los órganos y los sentidos continúa, y la transformación emocional ocurrirá de un modo automático. Permanecer consciente de la perla durante el proceso de la Fusión I es como ser «programado». Una vez debidamente «programado» con la conciencia de la perla, todos los órganos y los sentidos podrán controlar y transformar las emociones negativas en cuestión de minutos.
5. Con la práctica se suele experimentar paz, sensación de estar centrado y equilibrio. Después de terminada la práctica esas sensaciones permanecen durante todo el día. Se puede utilizar la perla como un ancla. Cuando dispongas de un momento libre o cuando te sientas inquieto o descentrado, toma conciencia del caldero y de la perla. Sentirás calma y paz, y el autocontrol se restablecerá inmediatamente.
6. Cuando se tenga la práctica necesaria en transformar las emociones indeseables y una vez los órganos generen menos energías negativas y más positivas, será muy fácil identificar y ser consciente de los sentimientos negativos que surjan en nosotros o en los demás. En un principio esa conciencia puede resultar incómoda, pues serás capaz de percibir la negatividad que los demás sienten hacia ti. Sin embargo, dicha negatividad seguramente existía desde hace ya mucho, solo que no eras consciente de ella. Cuando se acumulan

demasiados sentimientos negativos se puede drenar nuestra fuerza vital y hacer que nos sintamos deprimidos.
Ahora podrás identificar los sentimientos negativos en su fase más temprana. Cuando sientas que existe demasiada negatividad hacia ti, la limpieza diaria de la Fusión aumentará enormemente tu tolerancia. Dedicando algunos minutos a ser consciente de los pakuas, del caldero, de la perla y de la transformación de las emociones negativas, incrementarás enorme y rápidamente tu fuerza vital.

7. Cuando te sientas inseguro, toma conciencia de la Fuerza de la Tierra, de los animales protectores de la Tierra y de la Fuerza Universal de los Planetas y Estrellas. Siente que todas ellas te rodean y protegen, y te sentirás seguro y estable.
8. Las sensaciones de estar equilibrado y centrado son muy útiles. Se las puede usar para medir la energía de las personas con quienes estamos en contacto, a fin de averiguar si vamos a trabajar bien juntos o no. Si una persona nos saca siempre de nuestras casillas y nos cuesta mucho trabajo volver a centrarnos, deberemos forzosamente hallar otro modo de tratar con ella. Podemos reducir nuestro contacto, pero si por fuerza tenemos que tratarla, lo más inteligente es ayudarle a centrarse a sí misma Tal vez le podamos informar sobre la práctica de la Fusión y de la Órbita Microcósmica.
9. El poder de la mente y el de los órganos y los sentidos combinados con la Fuerza de la Tierra y la Fuerza Universal te darán una gran energía que podrás proyectar hacia fuera para llevar a buen término cualquier trabajo o situación difícil. Harás tu trabajo con la sensación de estar pletórico de energía, sin perjudicar a otros para beneficiarte a ti mismo.
10. La única fuerza verdadera en todo el universo es la virtud. Es la misma Fuerza Universal de los Planetas y las Estrellas. Para canalizar esa fuerza hacia nosotros debemos cultivar las fuerzas del amor, de la amabilidad, de la alegría y de la

dulzura. El mal es una fuerza destructora y es también muy poderosa. Quienes desean servirse de la fuerza del mal lo canalizan a través del odio, la crueldad y la ira, y así crean la destrucción. Quienes cultivan sus virtudes internas pueden proyectar hacia fuera sus fuerzas benéficas para ayudar a otros. Si ayudamos a los demás sin esperar ningún tipo de recompensa, ésta nos llegará de modo inesperado, como un tremendo incremento de nuestra fuerza y virtud interna.

11. Decide qué fuerza deseas usar. Proyéctala hacia fuera y, gradualmente, verás cómo se va manifestando en todo lo que haces. Por ejemplo, si deseas que tu negocio funcione bien sin dañar a nadie para beneficiarte, crea mentalmente esa situación. Al manifestar y repetir esa visión, harás que ocurra. Tal vez para realizarse necesite de más energía tuya. Entonces será muy importante reforzar tu cuerpo y tus órganos con las energías exteriores.
12. Cuando se te presente un problema en tu vida, puedes situarlo en el cuerpo de energía e intentar separarte un poco de él. Eso te ayudará a verlo desde una perspectiva diferente.

    Ya se trate de un problema de trabajo o familiar, si te hallas débil, enfermo o bajo presión emocional, va a ser muy difícil que lo puedas resolver. La Fusión I en primer lugar te equilibrará, te reforzará y te librará de las emociones problemáticas. Luego, cuando seas capaz de crear un cuerpo de energía, podrás llenar el cuerpo físico de energía vital. Entonces te sentirás fuerte y preparado para enfrentarte a tu problema.

    Al situar el problema en el cuerpo de energía, sentirás como si te hubieras salido del *ring*. Desde allí podrás observar las actividades de los demás y verás que también ellos cometen muchos errores, errores que tú no podrías percibir si te hallaras en la misma situación que ellos. Absorbe las Fuerzas Universal y de la Tierra para que te ayuden.

Al separarse uno mismo del problema y considerarse como un espectador, es posible ver los errores que estamos cometiendo. Cuando de nuevo reúnas los dos cuerpos en uno, intenta solucionar el problema desde dentro.

13. También la enfermedad puede ser colocada en el cuerpo de energía, mientras intentas recoger toda la energía posible de las diferentes fuentes disponibles a fin de vencerla.
14. En los viajes la práctica de la Fusión es muy útil, pues ayuda a eliminar la energía indeseable de los alojamientos que debemos ocupar, o de las salas de conferencias en las que hemos de hablar. En cuanto llegues, siéntate y practica la Fusión I. Crea la perla de la amabilidad y el amor, y mándala fuera para limpiar la habitación. Con amor y respeto te asegurarás de que la zona queda limpia de perturbaciones indeseables.
15. Efectúa cada uno de los pasos de la Fusión I hasta sentir los resultados, antes de pasar al paso siguiente. Del mismo modo que el crecimiento de un árbol no puede acelerarse, el proceso de la Fusión tampoco. Para añadir un solo anillo a su crecimiento, el árbol necesita todo un año; también para perfeccionar la práctica de la Fusión se necesita tiempo. Simplemente sé consciente de que el proceso está teniendo lugar. Practica cuando dispongas de tiempo, pero con constancia. Llegará el día en que verás los resultados. Una vez hayas dominado la Fusión I podrás pasar al siguiente nivel de la Fusión.

Índice